心理资本
及其对接待业员工
工作态度与行为的影响

田喜洲　张有德◎著

经济管理出版社
ECONOMY & MANAGEMENT PUBLISHING HOUSE

图书在版编目（CIP）数据

心理资本及其对接待业员工工作态度与行为的影响/田喜洲，张有德著. —北京：经济管理
出版社，2016.9
ISBN 978-7-5096-4535-2

Ⅰ.①心… Ⅱ.①田… ①张… Ⅲ.①心理素质—影响—服务业—研究 Ⅳ.①F719

中国版本图书馆 CIP 数据核字（2016）第 184656 号

组稿编辑：陈 力
责任编辑：陈 力 舒 林
责任印制：黄章平

出版发行：经济管理出版社
　　　　　（北京市海淀区北蜂窝 8 号中雅大厦 A 座 11 层 100038）
网　　址：www. E-mp. com. cn
电　　话：(010) 51915602
印　　刷：三河市延风印装有限公司
经　　销：新华书店
开　　本：720mm×1000mm/16
印　　张：11.75
字　　数：149 千字
版　　次：2016 年 11 月第 1 版 2016 年 11 月第 1 次印刷
书　　号：ISBN 978-7-5096-4535-2
定　　价：39.00 元

前言

　　接待业（Hospitality Industry），在本书指旅游接待业，提供的主要是服务性产品，其本质是员工利用各种有形设施、设备、手段与方法，在为客人提供满足其生理和心理需求产品的过程中，创造一种愉悦气氛，激发顾客的情感共鸣，使其在接受服务时产生轻松、愉悦、幸福之感，从而乐于交流，乐于消费。由于员工与顾客是在高度接触中实现着体验性精神产品的生产与消费，所以员工的心理情绪、工作态度与行为不仅对顾客感知的服务质量与满意程度有重要影响，而且对接待业的市场声誉和经济效益产生较大影响。因此，加强接待业员工积极心理潜能及其对工作态度与行为的影响研究具有重要现实意义。

　　本书以心理资本为切入点，全面探讨其结构维度、影响因素及对接待业员工工作态度、行为的影响效应与机理，创新之处体现为：①本书关于心理资本影响因素及影响程度的研究是心理资本研究的新领域，在利用因素（因子）边际贡献与平均贡献率定量分析心理资本影响因素与影响程度方面，取得了一定的研究成果；②在中国文化环境中，关于心理资本维度及其相互关系的研究丰富了心理资本的理论内涵，证明了心理资本测量量表的文化差异性，为今后我国心理资本研究打下了基础；③心理资本的中介效应与间接效应研究、心理资本指数与影响机理研究都是对其他学者心理资本研究的补充；④在研究方法与工具上，本书采用了不同方法与工具对心理资本的相关问题进行实证研究。例如，在研究心理资本及其维度对接待业员工工作态度的影响差异时使用了增益分析（Usefulness Analysis）；在探索心理资本影响因素及影响程度时使用了人工神经网络（ANN）工具，原因是 ANN 能较好解决非线性问题。这些方法与工具在心理资本研究中还比较少见。

本书主要研究内容有：①心理资本的结构与相互关系；②心理资本的影响因素及影响程度；③心理资本对接待业员工工作态度及行为的影响效应与机理；④心理资本的开发与管理。研究发现：①在中国文化环境中，心理资本的四维度结构比较稳定，结构间存在因果关系。②心理资本通过积极情绪对个体工作态度与行为产生影响，对接待业员工工作态度与行为的影响不仅有直接效应，而且还有中介效应与间接效应；不仅有完全中介效应，还有部分中介效应。③影响心理资本的因素比较复杂，但是影响程度最大的是组织支持。④我国接待业员工的心理资本指数较低。

本书研究结论对深入探讨心理资本理论与实践问题具有一定的启示。从理论上讲，心理资本是一个整体概念，具有文化差异性，对员工态度与行为的影响效应及机理深远而复杂，它的研究有助于改变企业人力资源管理的负面导向（如机能失调、道德缺失），提倡从更加积极的视角理解蕴涵在组织及个人中的潜能与动力。从实践上讲，接待性企业应该重视员工心理资本的管理与开发，改变传统招聘与选拔、培训与考核的方式，加强组织的支持力度，通过建立员工援助计划（EAP）与积极工作制度来提高员工的心理资本水平，为组织及个人打造竞争优势。

目录

1 绪 论

1.1 问题提出与研究内容

1.1.1 问题提出

20 世纪 60 年代以来,"以人为本"的管理思想被越来越多的人认可,人力资源管理也受到企业重视。人力资源管理就是企业对员工进行组织、管理与激励,最大限度地利用个体才能为社会提供产品与服务,实现社会、组织与员工各自的目标。Guerrie 和 Deery(1998)将接待业(主要指酒店业与餐饮业,在我国有时也泛指整个旅游业。为了保持与国外研究的一致性,本书使用接待业一词,而不用旅游业)人力资源管理定义为涉及接待业中工作、就业、工作组织、人力招聘与培训等管理实践活动。杨云(2006)通过对国外接待业人力资源管理研究综述后认为,虽然目前接待业人力资源管理研究内容广、应用性强、实用价值大,但是也存在许多问题,其中之一是情感劳动与情绪智力等新理论虽然较早由接待业研究者提出,但是很少有接待业研究者继续对此进行深入研究。受此启发并结合自己的研究课题，本人就涵盖了情绪智力与情感劳动的心理资本（Psychological Capital，简称 PsyCap 或 PK）对接待业员工工作态度与行为的影响及相关问题进行研究。

接待业提供的主要是服务性产品，从本质上讲，接待服务是员工利用各种有形设施、设备、手段与方法，在为客人提供满足其生理和心理的物质与精神的需求过程中，创造一种和谐的气氛，激发顾客的情感与共鸣，使其在接受服务中产生轻松、愉悦、幸福之感，从而乐于交流，乐于消费的一种过程（甘朝有等，1998）。接待服务的本质有两点：第一，接待服务产品是员工在与顾客面对面的交往与互动中提供的服务，而不是出售的物品，它具有无形性、综合性、生产与消费同时性、不可储藏性等特点（谢彦君，1999）。第二，接待服务追求的是服务者与客人之间良好的接触和交流，目的是使顾客产生愉悦、幸福之感，从而促进消费。总之，接待服务过程是员工在与顾客高度接触中实现着体验性精神产品生产与消费的过程，员工的心理情绪、工作态度与行为不仅对顾客感觉中的整体服务质量和满意度有重要影响（Bitner et al.，1994），而且对接待业的市场声誉和经济效益产生较大的影响，所以在接待业中，对员工态度与行为的研究一直受到研究者的重视。但是，过去研究者更多地关注显性因素，例如，报酬、福利、工作条件、工作环境等，对员工满意度、忠诚度、组织承诺、离职倾向等态度与行为的影响，忽视了心理环境，例如心理资本、心理契约、心理授权等隐性因素的影响。随着社会生活水平的提高，员工除了重视物质待遇之外，越来越多地关注工作中身心的愉悦，心理契约的平衡与组织的支持，因此，情感劳动与情绪智力理论在国外已成为主流人力资源管理研究的新领域（Lucas & Deery，2004），而在我国接待业人力资源管理中的相关研究却极少。另外，有关 PsyCap 的研究才刚刚起步，还有许多问题等待解决，例如，PsyCap 的结构、测量及其影响因素，等等（仲理峰，2007b；王雁飞、朱瑜，2007）。因此，有必要在中国文化环境中，结合我国接待行业的特点，就心理资本的相关问题展开研究。

从组织层面讲，今天企业所面临的挑战在范围和程度上都是空前的，这种挑战不仅意味着企业要创造性地寻找人才，更为重要的是，企业应该利用与开发人力资源中的人力资本、社会资本，特别是心理资本，以此来获得企业竞争优势。为了有效地管理与利用人力资源，现代企业已经提出了大量的管理实践，如工作设计、薪酬与福利计划、员工成长机会、工作与生活平衡等富有人性化的管理方法。但是，由于不同的企业争夺的是大体相似的人力资源，加上人力资源信息也几乎是公开的，在这种环境中，要想达到甚至超过企业平均绩效十分困难（李超平，2007）。过去常被认为是企业成功的重要资源（如经济资本等）已不再是获得竞争优势的唯一资源了。从长远来看，依靠提高进入壁垒来获得竞争优势的策略也不能为企业创造可持续发展机会。虽然传统的资源有很大的作用，但是，可持续竞争优势最好还是通过那些与特定环境相关、可累积、可更新、难以模仿的因素来获得，心理资本就是这种因素之一（Luthans，2004）。

综上所述，开发、管理与提高员工心理资本水平，使其充满自信、快乐而满意地工作，不仅可以提高员工个人绩效，而且对提高企业经济效益，打造可持续竞争优势具有指导意义。毕竟在接待业中，"只有满意、快乐的员工才有满意、快乐的顾客"（Bull，2001）。

1.1.2 研究内容

本书以积极心理学及积极组织行为学为基础理论，系统研究 PsyCap 结构、PsyCap 与组织支持、心理契约违背的相互作用及其对接待业员工工作态度（满意度、留职意愿）、行为（组织公民行为、缺勤行为）的影响效应以及 PsyCap 的影响因素，并根据实证研究结论对接待业如何开发与管理员工 PsyCap 提出建议。具体研究内容如下：

（1）PsyCap 结构维度及其相互关系。

（2）影响接待业员工 PsyCap 的因素及影响程度。

（3）PsyCap 对接待业员工工作态度与行为的影响效应与机理。

（4）接待业员工 PsyCap 开发与管理措施。

1.2　研究意义与创新点

1.2.1　本研究的学术意义

（1）心理资本是企业创新的原动力（Luthans，2004），是员工个人成功与企业高绩效的必要条件，如何充分利用社会资本与心理资本是现代西方人力资源管理的热点问题。几十年来，组织行为学与人力资源管理实践多是从负面导向视角研究组织及员工的问题，如功能失调、道德缺失与压力等。心理资本的提出及研究从积极角度理解蕴涵在组织及个人中的潜能与动力，从而有助于组织及个人获得竞争优势。可以说，心理资本这个新概念是企业经济管理理论发展的必然结果与必然要求（李超平，2007）。如果说，积极心理学运动（Positive Psychological Movement，PPM）在全社会掀起了一场积极运动，促进了积极组织行为学（Positive Organizational Behavior，POB）的形成与发展，推动了积极组织学术（Positive Organizational Scholarship，POS）的兴起，而心理资本理论的研究将对人力资源管理产生直接而重要的影响，具体表现在人力资源管理中积极工作制度的建立，传统招聘与选拔、培训与考核方式及内容的转变等。

（2）国内外学者对 PsyCap 结构、影响效应及其影响因素有很多不同看法，在理论上也有不少争议。本人想通过理论与实证研究，对学术界的争论提出自己的观点。

1.2.2 本研究的实践意义

（1）随着社会经济的快速发展以及全球化竞争时代的到来，越来越多的企业家意识到员工心理资源是组织获取竞争优势的又一重要源泉。众多研究也表明，员工优秀的心理素质、良好的精神状态、积极的工作态度是组织产生高绩效的重要源泉。因此，如何获取、开发和利用员工的心理资源，提高组织人力资源的质量和投资收益，进而使组织获得竞争优势，已经成为企业人力资源管理的重要课题。

（2）服务性企业（包括接待业）能够从满意的员工和忠诚的顾客那里获得最高的利润（Gitomer，1996），同时服务性企业发展水平是社会经济发展质量高低的标志。雇员的工作态度、行为影响到顾客的满意度，进而影响企业的整体绩效。PsyCap 的研究对象是可测量、可开发与可改变的积极心理状态，它超越了人力资本和社会资本，对深入理解个体的积极潜能，实行积极的人力资源管理具有重要价值。

（3）心理资本是员工高绩效与成功的必要条件。心理因素虽然多变、不稳定，但是常常影响人的态度和行为。在某种意义上，心理因素有时比知识或才能更重要，是人生成功的决定性因素。哈佛大学一项研究显示，成功、成就、升迁等原因的 85% 是因为正确的情绪智力，而仅有15% 是由于专业技术。只有让员工具备积极的心理资本，他们才会有愉快工作、乐于奉献的精神，从而愿意并且能够为企业的发展不断贡献才智、创造价值，同时在这个平台上自我成长，实现自身价值。如果说，智力资本是企业生存的基础，PsyCap 则是企业创新的动力（Luthans，2004）。

1.2.3 创新点

（1）本书关于心理资本影响因素及影响程度的研究是心理资本研究的新领域。国内外的研究者（Luthans，2006；王雁飞等，2007）认为，心理资本的影响因素十分复杂，目前对它的研究极少。本书从经济因素、人际关系、组织支持、自我实现等方面，利用因素（因子）边际贡献与平均贡献率来定量分析心理资本的影响因素与影响程度，取得了一定的研究成果（见第4章）。

（2）在中国文化环境中，关于心理资本维度及其相互关系的研究丰富了心理资本的理论内涵，证明了心理资本测量量表的文化差异性，为今后我国的心理资本研究打下了基础。目前，国外绝大多数心理资本维度的研究都是定性研究，心理资本测量量表也只有 Luthans（2007）量表（PCQ-24）的效度与信度得到了验证；而关于心理资本维度关系的研究更是少见。本书在这方面的研究丰富了心理资本的理论内涵（见第4章）。

（3）书中心理资本的中介效应与间接效应研究、心理资本指数与心理资本的影响机理研究都是对其他学者心理资本研究的一个有益补充。因为，以往心理因素，如心理授权、心理契约、情绪智力等，对员工工作态度与行为的影响研究主要集中在直接效应层面上，很少考虑中介效应、间接效应与总效应。而本书研究发现，心理资本对某些变量影响的直接效应不显著，而间接效应与总效应却是显著的，这对心理资本的管理与开发具有一定的现实意义，因此也应该是内容上的新颖之处（见第5章）。

（4）在研究方法与工具上，本书采用不同方法与工具对心理资本的相关问题进行实证研究，例如，在研究心理资本及其维度对接待业员工工作态度的影响差异时使用了 Usefulness Analysis（增益分析——笔者译）；在探索心理资本的影响因素及影响程度时使用了人工神经网络（ANN）工具，原因是 ANN 能较好地解决非线性问题。这些方法与工具在心理资本研究中还比较少见（见第 4 章）。

1.3 研究对象、方法与工具

1.3.1 研究对象

本书研究的对象是接待业员工。接待业（Hospitality Industry）主要指酒店业与餐饮业，有时也泛指整个旅游业，它的产品主要是服务者在与顾客面对面的交往与互动（Service Encounter）中提供的服务，而不是出售的物品，其特点是无形性、生产与消费同时性、不可分割性。接待业的服务是由员工来提供的，在员工与顾客高度接触中实现着接待业体验性精神产品的生产与消费过程，因此员工的工作态度、行为、心理情绪、服务理念不仅影响到服务质量，而且影响到顾客对产品的体验与感知，进而影响顾客满意度。从这个角度来讲，员工服务态度与行为和顾客感知的服务质量密切相关。在我国，接待业员工有着共同特点：工资低、年纪轻、学历浅、流动性大、女性比例高。在英国，接待业也被列入了低收入行列（Low Wage Sector），而日本接待业员工中女性占 61%（Brown，2003）。接待业产品及其员工的特征把它与其他行业区别开来，使得针对接待业员工态度与行为的研究才具有意义。那种不分行业、不分国别的员工心理资本研究价值不大，因为不同人群的心理潜能对其服务对象的影响大不相同。同时，中国接待行业也是员工流失率最高的行业。据新华网（2005-11-12）消息，2003~2004 年，酒店员工平均流失率超过20%。另根据国家旅游局 2003 年全国旅行社人力资源调查显示，全国中级、高级、特级导游的年流失率分别为 14.6%、10.1% 和 37%。另外，接待业也是顾客满意度最低（孟一凡，2006）行业之一。如何从心理资本的角度对员工工作行为与态度进行研究，通过开发与管理员工心理资本，提高员工绩效，减少人力资源成本对接待业来说具有重要意义。

1.3.2　研究方法

1.3.2.1　理论与实证相结合

根据研究的需要，本书主要采用理论与实证相结合的研究方法。理论分析就是根据已知的理论和原则，通过对事物之间的逻辑联系来推导出结论。它强调理论推理，偏重思辨，具有论证严密、思路清晰的特点，其方法逻辑是演绎性质的。实证分析是一种经验检验的方法，它的方法逻辑是归纳性质的。之所以采用该研究方法，原因如下：一方面，心理资本结构维度是一个理论性很强的论证过程，需要理论分析；另一方面，心理资本对员工态度、行为的影响效应及其开发与管理又是一个实践性很强的问题，需要进行实证研究。本文以接待业员工为研究对象，以实证分析为主，兼顾研究成果的理论性与实践应用性。

1.3.2.2　数理分析方法

本书运用数理分析方法，在理论研究、随机抽样与问卷调查的基础上，提出理论假设，建立概念模型，然后进行概念模型的检验，最后得出结论。具体来说包括探索性因子分析与验证性因子分析、增益分析（Usefulness Analysis）、各种检验等。

1.3.3　研究工具

（1）结构方程模型（Structural Equation Modeling，SEM）。结构方程模型是呈现客观状态，检验变项之间假设关系的一种统计数学模型（Hoyle，1995）。它分为两部分：结构模型与测量模型。结构模型是表示潜在变量间关系的方程式；测量模型是表示潜在变量与标识变量之间关系的方程式。20 世纪 80 年代以来，SEM 广泛应用在管理、经济和心理学研究领域，是多元数据分析的重要工具。

（2）人工神经网络（Artificial Neural Network，ANN）。ANN 就是利用人工神经网络的误差反向传播算法（BP 算法）进行具体研究。BP（Back-Propagation）算法是一个有导师的神经元网络学习算法，其基本思想是：取一对学习模式，将输入模式经网络输入层、隐含层、输出层逐层的处理后，得到一个输出模式，计算网络输入模式和期望输出模式的误差，将误差由输出层、隐含层、输入层的反向顺序传送，按照减小误差的方向逐层修改各层连接权重与阈值（称为一次迭代）。重复上述迭代过程，直到每一对学习模式、网络的输出误差都达到要求，这时网络达到最优，可以使用。实际上 BP 训练就是让 BP 网络通过认识大量的样本数据（即学习模式），从而达到识别输入模式与期望输出模式对应关系的目的（Haykin，1999）。本研究就是利用 BP 算法的这一特征模拟出影响接待业员工心理资本的因素及其影响程度。

（3）使用软件：SPSS12.0、EVIEWS5.0、MATLAB7.0、LISREL8.7。

1.4　研究框架

本书应用积极心理学、组织行为学的理论，探讨心理资本的结构维度、影响因素以及心理资本对接待业员工工作态度与行为的影响效应与机理。鉴于过去的 PsyCap 研究主要集中于它的直接影响效应上，本书侧重 PsyCap 的中介效应与间接效应。在此基础上，探讨接待业员工 PsyCap 指数以及 PsyCap 的开发与管理，具体研究框架如图 1-1 所示。

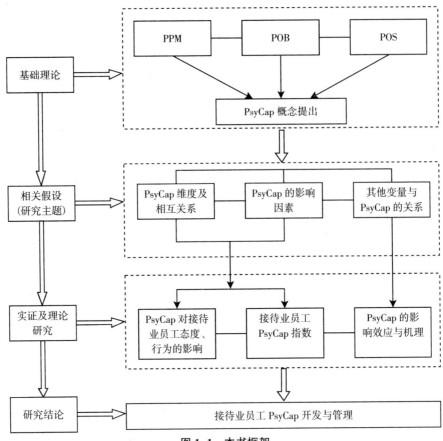

图 1-1 本书框架

1.5 本章小结

经济资本、人力资本和社会资本这些名词对今天的企业管理者与研究者来说并不陌生，然而心理资本理论及其在人力资源管理中的应用目前还是一个新的研究领域。本章提出了要研究的核心问题——心理资本，以及本研究的意义、创新、研究方法与工具，最后概括了本书的主要内容与框架。

2 国内外研究现状综述

本书最重要的概念就是心理资本。心理资本概念是如何提出的呢？要解决这个问题，首先要回顾积极心理学运动及其对组织行为学的影响。

2.1 心理资本概念的提出

2.1.1 积极心理学运动及其影响

2.1.1.1 积极心理学运动

20世纪末期，以Seligman（时任美国心理学学会主席）和Csikzent-mihlyi为代表的几位著名心理学家开启了以探究"人的发展潜力和美德等积极品质为主要内容的心理学研究新视角"。人们把这场以重视人的积极心理体验、人格特征与力量的心理学价值回归的研究与实践活动称为积极心理学运动（Positive Psychological Movement，PPM）。Seligman在1998年美国心理学年会上指出："20世纪心理学研究的一个主要缺憾就是对人的积极品质和积极力量重视不够。"因为在此之前，主流心理学主要研究人的心理问题、消极情绪与矫正功能，心理学实际成为病理心理学或消极心理学。2000 年 1 月，Seligman 和 Csikzentmihlyi 在世界著名的心理学杂志《美国心理学家》发表了《积极心理学导论》一文，详细介绍了积极心理学的研究内容、方法与发展方向，使积极心理学为世人所熟悉。2001 年 3 月，该杂志又设立了一个积极心理学的研究专栏，专门发表积极心理学的最新研究成果，同年冬天美国《人本主义心理学杂志》也出版了积极心理学的专辑。2002 年，Snyder 与 Lopez 合作的《积极心理学手册》由牛津大学出版社正式出版，这标志着 PPM 取得了阶段性成果，积极心理学正式形成。

积极心理学强调个体与群体的积极心理力量，研究内容主要包括以下三个层面（见表 2-1）：一是主观层面：着重研究个体对过去（成就感、满意度等）、现在（快乐、幸福、愉悦等）和将来（希望、乐观等）的积极主观体验。二是个体层面：主要研究积极人格特征（自尊、友好等）与个人良好品质（如智慧、勇气、仁爱、正义等）的形成机理与测量、培育方式。三是集体层面：着眼于建设有利于发展人的积极力量与品质的积极社会制度。由于独特的研究视角与现实意义，积极心理学一出现就吸引了大批有才华的研究者和充足的研究经费，在全美国掀起一场自上而下的研究热潮。到 21 世纪初期，PPM 在三个方面取得了丰硕的研究成果。在个人积极情绪方面，Diener（2000）将主观幸福感（Sub-jective Well-Being）引入了积极心理学研究领域，出现了世界性的公民幸福感测评工作；在积极人格方面，积极心理学家与许多机构（如盖洛普管理咨询机构）或公司（如爱立信公司）合作，将积极人格理论应用到企业管理实践中提高员工的满意度与工作绩效；在积极社会制度方面，心理学家围绕着正义、公平与责任的研究促进了社会公平、福利制度与组织积极工作制度的建立。

表 2-1　积极心理学的研究内容及其影响

积极心理学研究领域	主观层面：积极的情绪体验（成就感、幸福感、希望等）。代表性研究者：Seligman，Fredrichson 等	个体层面：积极人格（自尊、自信等）与良好品质（智慧、勇气等）。代表性研究者：Peterson，Seligman 等	集体层面：积极的社会组织制度（国家与组织制度、积极教育与家庭系统）。代表性研究者：Johnson，Roberts 等
对组织行为学的影响	促进了积极组织行为学的形成与发展。代表性研究者：Luthans，Wright 等	对传统人格理论的再认识。代表性研究者：Judge，Bono 等	推动了积极组织学术的兴起。代表性研究小组：Michigan Group
对人力资源管理的影响	基于积极心理资本与积极人格理论的员工招聘选拔与培训考核。代表性研究者：Luthans 等		建立积极工作制度，增加员工满意度。代表性研究者：Ann Cioti 等

资料来源：根据相关文献整理而成。

　　PPM 从 1998 年发起，到现在只有十年时间，可它的影响已经超出美国，波及世界各国的心理学研究，同时还影响到社会的其他领域。积极心理学的许多理论、观点、方法已经渗透到社会学、教育学、经济学、管理学等领域，并对某些理论产生了较大影响。例如，在管理方面，Fredrickson（2001）就提出管理心理学家应当努力培养组织成员的愉悦、兴趣、自豪和满足等积极情绪，因为积极情绪不仅能使个人改观，也能通过影响组织中的他人和顾客给整个组织带来变化。在经济学领域，积极的思想与研究视角使美国普林斯顿大学心理学和公共关系学教授卡尼曼成为 2002 年诺贝尔经济学奖的得主之一，原因就是他将不确定条件下人的判断和决策思想结合到经济科学中提出的"前景理论"引起了世人的广泛关注。从一定程度上说，卡尼曼教授的经济学理论可以称为"积极经济学理论（吴俊，2006）"。此外，积极的思想还在公共管理和社会政治活动中得到体现。总之，PPM 的影响广泛而深远，并在全社会掀起了一场积极运动，对组织行为学及人力资源管理产生了重要影响（见表2-1）。

2.1.1.2　积极心理学运动对组织行为学的影响

　　PPM 倡导积极人性论，充分体现了以人为本的思想，改变了消极心理学过分注重问题心理研究的片面性，这与现代管理思想相吻合，因此被组织行为学所接受。Luthans（2004）指出，PPM 对管理理论至少产生了两种主要影响：一是组织行为学家开展了积极组织学术探讨，研究如何提升组织潜能与培养积极的组织特征；二是积极组织行为学的出现。他还认为，积极心理学的研究方法与概念对组织行为学大有裨益。

（1）积极心理学运动促进了积极组织行为学的形成与发展。Luthans 是第一个将积极心理学理论与观点应用到组织行为学领域，并提出积极组织行为学（Positive Organizational Behavior，POB）概念的学者。他认为积极心理学，特别是有关积极情绪状态的研究成果引入组织行为学的目的是开发与提高领导效能与员工绩效（Luthans，2001，2002）。虽然在PPM 之前，组织行为学也研究员工的正向强化、积极关怀、积极情绪及其与工作绩效的关系，但是像传统心理学一样，研究重点落到了员工消极问题的处理上。例如，过分关注员工压力与离职，而不是如何使他们轻松快乐；过多研究员工的低效率与组织机能失调，而不是他们的心理潜能与积极力量。心理学者 Robinson 和 Bennett（1995）甚至开发了一种测量员工"异常工作行为"的量表。然而，在这个经济变数加大、地区政治不稳、全球竞争加剧、科技进步无休止的时代，Wright 等认为应该借鉴 PPM 成果，采取积极的方法去研究组织行为学与社会学，并把这种以积极视角研究组织行为学新内容的体系称为积极组织行为学。POB 着眼于微观层面有关人的积极心理状态（如乐观、希望、快乐等），主要研究积极导向的人力资源优势和心理力量的测量、开发、运用和管理，从而实现改善工作绩效的目标（Luthans，2002）。不仅它的研究思想与 PPM 相同，而且它的研究内容、方法、概念也都有积极心理学的痕迹。

首先，POB 借鉴了 PPM 的思想与导向。组织行为学的研究对象是组织的行为特征与规律，目的在于通过对个体、群体和组织行为的研究提高组织的运行效率、生产效率，提高员工的工作满意度，减少离职率与缺勤率。但是，传统组织行为学过多研究组织、团队及员工存在的问题，而不是他们的优点；靠监督惩罚员工来校正他们的行为，而不是通过授权与肯定来激励他们的表现。正是受 PPM 影响，POB 提出了积极的研究思想与视角，将积极心理学关于乐观、希望、主观幸福感等积极情感纳入了自己的体系之中。Luthans（2001）就提出 POB 应借用积极心理学的思想研究组织与人的积极心理状态和个性特征。同时，受积极研究导向影响，戈尔曼（1995）以心理学为基础提出的情绪智力（EI）也被 POB 理论吸收，改变了人力资源管理注重员工智商（IQ）因素轻视情商（EQ）的局面。

其次，POB 吸收了积极心理学的相关概念与研究方法。Luthans（2004）等研究者提出 POB 的概念是习得的、发展的、可测量的且易于开发。其中易于开发这一标准要求 POB 所包括的概念是状态性（State-like）的，而不是相对稳定的特质性（Trait-like）变量。总之，POB 研究的概念不仅要与积极性相联系，而且必须与传统组织行为学概念有所不同，最重要的是可以通过开发它们来提高组织与员工的绩效。根据这个标准，学者们提出以下 POB 的概念：自我效能（自信）、希望、乐观、主观幸福感、情绪智力。很显然，这些概念大多来自积极心理学关于积极情绪体验的研究成果。在研究方法上，POB 也大量借鉴了心理学的观察、实验与测量技术，特别是纵向比较研究的使用。

（2）积极心理学运动推动了积极组织学术的兴起。在积极组织行为学提出的同时，2003 年，美国密歇根大学一些学者受 PPM 的影响，认识到对组织的学术研究也要转变价值取向，以积极的视角去挖掘组织的力量与效率，这就是积极组织学术（Positive Organization Behavior Scholar，POS）的指导思想。具体地讲，POS 是由密歇根大学商学院倡导建立的积极组织学术研究小组发起的，以研究组织及成员的积极特征、积极过程和积极结果为主要内容的学术活动。与传统组织研究不同，POS 着眼于人的积极动机（无私、利他、奉献）、积极现象的促成因素（如过程、能力、结构与方法）与结果或效果（活力、意义、高兴与质量）的关系研究，试图解释什么是人性中最美好的东西以及如何发掘与利用它以实现组织、个人及研究者的共同目标（曾晖等，2005）。

POS 的研究思路与内容受到 PPM 与 POB 后期研究的影响，这可以从它的名称上进行论述。首先，关于"积极性"（Positive）。POS 理解的积极是一种状态（如坚韧或善意等），以及与这种状态相联系的力量或结果（如感激）。POS 研究积极状态并不意味着传统组织研究着眼于消极状态有什么过错，而只是说传统组织研究没有给予积极状态、积极力量足够的重视。POS 也研究典型的个人与组织行为模式，而且并不回避有关人与组织的障碍、弱点或伤害行为，但它倾向于良好行为模式的培养，强调能使个体、群体、组织产生积极结果的因素，这与 PPM 的思想基本相同。其次，关于"组织性"（Organizational）。POS 不仅重视积极组织环境、组织的积极现象，而且更强调与组织环境相联系的积极状态与过程，它根据组织理论全方位地理解、解释、预测被传统组织忽略了的积极行为的发生原因与结果。例如，组织如何在复杂情境下通过能力建设、员工承诺、领导力提高等措施产生更积极的结果，这与传统组织行为关注管理控制或克服弱点的研究导向形成了鲜明对比，而与 POB 理解的现代组织是完全一致的（Cameron et al.，2004）。最后，关于"学术性"（Scholarship）。在现实生活中，关于如何取得幸福、成就、效率等积极结果方面，并不缺少一些自助性的通俗读物，如《谁动了我的奶酪》、《一分钟经理》、《七个习惯》等，但这些成果缺乏可信的实证与理论的支持，而且这些描述性的研究无法解释什么样的行为能产生什么样的结果。受积极心理学重视实验、实证与纵向研究的规范学术思想影响，POS 注重研究的科学性、理论性、系统性及应用性，要求严格定义与规范学科术语，以此约束组织学术研究的活动范围，其目的是发展理论，进而为实践服务，所以说，POS 成果是建立在理论研究与实践应用基础上的。从这一点可以看出，POS 的理论基础与学术规范来源于积极心理学与 POB 研究。

值得提出的是，POS 不仅受 PPM、POB 的影响，而且还受诸如人本主义心理学、组织公民行为等相关学科与研究的影响，并与它们一起构成以"积极"为导向的学术研究新动向。

2.1.2 心理资本概念提出的理论基础

2.1.2.1 积极心理学理论

长期以来，传统心理学从负面视角研究问题，结果，人的优势与潜能的研究没有取得多少成果。这种消极的途径把研究焦点放在了减少错误，或减少组织与人发展过程中出现的缺陷，使组织无法通过一种新的积极途径来建立可持续竞争优势。积极心理学则是致力于研究人的发展潜力和美德等积极品质的一门科学（Sheldon & King，2001）。它是当代心理学研究价值的一种重新回归，也是对消极心理倾向的一种动摇，更是在新的社会背景条件下对心理学的深刻理解。积极心理学充分体现了以人为本的思想，提倡积极人性，消除消极心理学过于偏重问题的片面性，真正恢复了心理本来应有的功能和使命。积极心理学提倡用一种开发和欣赏的眼光看待一个人，强调心理学要着力研究每个普通人具有的积极力量。并提倡对个体或社会中的问题要做出积极的解释，使个体或社会能从中获得积极的意义与力量。由于它与现代管理思想十分吻合，所以推动了组织行为学和人力资源管理实践大力提倡用积极管理方法去开发、利用个体的积极力量，这为心理资本的提出做好了铺垫。

2.1.2.2 积极组织行为学理论

20 世纪末到 21 世纪初，积极心理学运动和它在工作环境中的应用——组织行为学，为心理资本概念的提出奠定了理论基础。著名的组织行为学专家鲁森斯（Luthans，2002）把积极心理学成果应用到组织行为学中，提出了积极组织行为学（Positive Organizational Behavior，POB），并且确定了 POB 使用概念的标准，即积极性、独特性、可测量、状态性（State-like）、有理论与研究基础，并且通过开发与管理可以提高员工绩效。所以，自信、希望、乐观、坚韧、情绪智力、主观幸福等积极心理状态因符合这些标准而成为 POB 的研究对象。后来，POB 把理论与应用研究重点放在了积极心理状态对领导及员工绩效的影响上。PsyCap 就是从 POB 的基础和标准推导出来的概念。

在 PPM 取得丰富成果的基础上，Seligman 教授于 2002 年提出了心理资本（Psychological Capital，简称 PsyCap）的概念。他认为可以将导致个体积极行为的心理因素纳入资本的范畴，这一观点极大地开阔了研究者的思路，并引发了大量关于心理资本的研究。其中，Fred Luthans 及其博士生 Youssef 和 Avolio 等对心理资本理论发展与实践研究做出了重要贡献。2004 年，Luthans 和 Youssef 以积极心理学和积极组织行为学观点为思考框架，在分析经济资本、社会资本及人力资本的区别与特点时，提出了组织管理中的 PsyCap 概念：个体积极的核心心理要素，具体表现为符合积极组织行为标准的心理状态，它超出了人力资本与社会资本，并能够通过有针对性的培育与开发而使个体获得竞争的优势。他们还从积极组织行为学角度出发，认为心理资本的要素选择要符合：①强调个人积极性与优势的独特动力要素；②具有理论与研究基础；③可以有效测量和评价；④属于能够被开发和管理，并对个人行为、绩效产生积极影响的心理状态。Youssef（2004）指出，自信、希望、乐观、坚韧等积极心态最符合 POB 的要素要求，理应成为 PsyCap 构成要素。同样 Luthans 等（2004）也明确把自信、希望、乐观、坚韧四种积极心理状态合并成为更高层次的核心概念，并称之为心理资本（见表 2-2）。

表 2-2　心理资本构成及内涵

心理资本维度	内涵	导向性	对心理资本的贡献
自信（Confidence）	对自己运用自身能力完成某项任务的相信程度	着眼于现在与将来	敢于面对挑战，愿意为实现目标付出更大的努力（也许是基于预期的回报）
希望（Hope）	支撑个体在困境中坚持美好信念的特定情绪	着眼于将来	与积极结果和良好的个人品德相联系
乐观（Optimism）	将积极事件归因于内在的、持久的、普遍原因的一种解释风格	着眼于将来	身处逆境时能支撑个体坚持美好信念的特定情绪
坚韧（Resiliency）	从极端变化环境（如冲突、失败、狂喜）中迅速恢复的能力	着眼于过去与现在	面对不利形势，能坚持对积极未来的渴望

资料来源：根据相关文献整理而成。

　　总之，心理资本概念的提出将引导企业在人力资源管理过程中，注重心理资本的开发与管理，提升并利用员工的心理资本，激发员工潜能，为企业创造更多的价值（表 2-3 列出了心理资本的主要描述性研究成果）。

表 2-3　心理资本的描述性研究成果

研究者	研究主题	主要研究内容	备注
Luthans（2002）	积极组织行为的研究意义与必要性	积极组织行为学对 PsyCap 产生的影响	发表论文
Page，Bonohue（2004）	PsyCap 结构的初步研究	心理资本的探讨性研究，提出信任也是 PsyCap 的维度	工作论文
Luthans，Youssef（2004）	从人力资本、社会资本到积极心理资本：开发人的潜能，创造竞争优势	PsyCap 对个人竞争优势的影响优于其他两种资本	工作论文
Luthans，Avey，Avolio（2006）	PsyCap 的微观干预	从四维度方面提出干预措施	发表论文
Luthans，Youssef，Avolio（2007）	心理资本：打造人的竞争优势	全面阐述了心理资本的概念、构成、意义及开发	学术专著
Luthans，Avey，Patera（2007）	基于网络干预的员工 PsyCap 开发	PsyCap 干预方法与措施	发表论文
Luthans，Bruce，Avolio（2007）	心理资本在全球心理开发进展中的作用	心理资本在不同文化背景下对个人与组织都有重要意义	发表论文
仲理峰（2007b）	PsyCap 研究综述	PsyCap 的研究历程、内容	发表论文
王雁飞、朱瑜（2007）	PsyCap 研究综述	PsyCap 的研究历程、内容	发表论文

资料来源：根据相关文献整理而成。

2.1.3　心理资本与经济资本、人力资本、社会资本的区别

PsyCap 与以往经济或管理中常用的名词，如经济资本、人力资本和社会资本，有何区别呢？经济资本指人们拥有的资金、财产等有形资产。人力资本也称为智力资本，是指个体通过接受教育或经验积累而逐渐获得的知识、技能与社会认知能力，通俗地讲就是个体所知道的。而社会资本则是指个体的人际交往、工作接触的关系网络及相互信任等，也就是个体所认识的资源。心理资本则是能够影响个体生产效率的心理特征，如自信、希望、乐观等，它反映一个人的自我观点或自尊感，支配个人的动机和对工作的态度。它们之间的关系及本质内涵阐述如下：

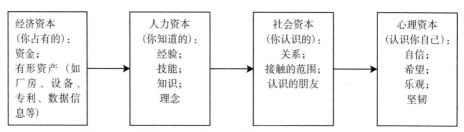

图 2-1　经济资本、人力资本、社会资本与心理资本的关系

2.1.3.1　人力资本的本质特点

人力资本中的知识、经验被称为显性知识，它是大多数企业选拔人才与投资的基础。虽然它容易测量与评价，但对人力资本的投资回报相当有限。Hunter（1983）经过多年实证研究发现，受教育程度对工作绩效的预测效度只有 0.1，经验对工作绩效的预测效度也只有 0.18，显然都不大。此外，这种显性知识容易模仿，因为现在教育资源不再像以前那样紧张，而工作经验也能通过以优惠条件吸引竞争对手员工的方法来获取。所以员工学历与经验已经不能成为培养企业竞争力的优势资源了，同时人力资本的另一个维度——隐性知识变得越来越重要了。隐性知识指员工拥有的一种组织专用性的、不易模仿的知识。员工长时间在组织中工

作，他便慢慢获得了该组织专有的知识——组织结构、管理程序、整体运作模式以及企业文化等隐性知识。隐性知识是无形的，员工需要投入大量的时间来学习与体会。Dave（2003）说过，一个组织之所以优秀，并不在它的结构，而是镶嵌其中的隐含优势。例如，尽管组织结构不同，但是微软公司善于技术创新，通用电气精于全球合作，耐克公司擅长品牌管理，这些隐含优势就是无法复制的隐性知识。

2.1.3.2　社会资本的本质特点

社会资本就是企业与员工的社会关系资源，它可以在关系网络、社会习俗与相互信任三个层面上帮助企业创造可持续竞争力。关系网络是企业成员之间、部门之间以及与外部世界的接触与联系，它能通过建立相互信任，使员工与企业共享并交换理念和资源，使企业处于良好的社会氛围之中。社会习俗、行为规则与潜在价值观为组织战略结构与运作程序提供了根本性的构架，在经济变革的环境中，社会习俗能产生使个体、群体与组织相互理解与期待的和谐关系。而社会资本中的相互信任能消除坦诚沟通与知识共享的阻碍，促进组织创新。Judge（2003）研究发现，员工对管理者的信任与其工作绩效、离职意向、组织承诺、工作满意度密切相关。同样，部门内与组织内员工的互相信任能产生良好、有效率的合作关系。总之，社会资本对于创造企业竞争优势至关重要。

2.1.3.3　心理资本的本质特点

学界与业界对经济资本、人力资本和社会资本的认识基本相同，但对心理资本概念的理解有相同的地方，也有不同的地方。相同之处是，多数研究者认为（Luthans，2006；王雁飞等，2007），心理资本具有以下本质特点：①属于积极心理学范畴，强调个人的心理潜能和积极性，反映个体的优点，而不是缺点。②其是基于积极组织行为学标准的一种心理状态。③不同于人力资本与社会资本，而是超越二者的价值。人力资本强调"你知道什么"，它明确了员工应该具备的受教育程度与技能；社会资本强调"你认识谁",注重关系网络和人际沟通;而心理资本则强调"认识你自己"以及"你想成为什么",即关注重点是个体的心理状态。④具有投资收益特性,可以通过特定方式进行投资与开发,将其潜力挖掘出来,促使个体实施积极的行为并产生高绩效,进而使组织获得竞争优势。⑤心理资本既可以被感知,又能对员工行为与态度产生重要影响,而且智力资本只有在强大的心理资本的推动下才能发挥作用。心理资本与智力资本的结合能产生生气勃勃而又具有竞争优势的个体与组织,因此,企业要把这两种资源协调配置,最大限度地发挥其作用。

2.2 接待业员工工作态度与行为影响因素

2.2.1 态度与行为

态度及行为的预测研究是社会心理学研究的重点,关于态度的定义很多,通常态度表达为对某件事物喜欢或者不喜欢的心理倾向。既然是心理倾向,也就是一种心理的准备状态,它会在某种程度上影响行为方式。Baron(2001)认为态度包含情感(Affective)、行为(Behavior)和认知(Cognitive)三种成分。其中行为成分指的是行动或行为意图的心理倾向,而不是真正的行为。Upmeyer(2000)等认为,行为指的是判断、决策、明显的行为序列过程,而且是行为潜在的态度的表达,由此可见态度和行为的关系非常紧密。也有心理学家认为,态度是个人对待对象(包括人、事和物)较为稳固的,由认知、情感、意向三种成分构成的内在心理倾向。其中,认知成分是指人对某一对象的看法或评价及带有评价意义的叙述。叙述的内容包括某一对象或现象所持的意见、观点或信念。这些意见、观点或信念所依据的基础就是在某一特定时刻个人所感知的事实或信息。情感成分是指人对于态度对象的一种情绪情感体验，或对态度对象所做的情绪判断，是态度的核心。意向成分是个人对态度对象的反应倾向，它的依据是认识与情感，认识清楚了，情感增强了，行为的思想准备就会随之而来。而行为是个体为了维持自己的生存和发展，适应不断变化的复杂环境所做出的各种反应，包括身体活动和心理活动（甘朝有，1998）。关于态度与行为的分类及影响因素的研究很多，不同的研究领域或研究视角得出的结论也不尽相同，本文主要回顾接待业员工工作行为与态度的影响因素。

2.2.2　接待业员工工作态度与行为及其影响因素研究历程

本书所指的员工态度主要包括员工满意度、留职意愿与组织承诺。员工行为包括组织公民行为与缺勤行为，因为它们与接待企业绩效密切相关。而目前，接待业中研究最多的是员工的满意度与留职意愿。

员工满意度（Employee Satisfaction，ES）可定义为员工对各种工作特征加以综合后所得到的体验，是对工作的整体个人评价和个体需求被满足的程度（Schaffer，1953）。而员工留职意愿（Employee Intend to Stay，STA）则是指员工以实际行动表现的对企业依赖、信任与工作自豪感，它明显的体现就是无离职动机与行为。有关 ES、STA 的研究最早始于 20 世纪 30 年代（Hoppock，1935）。50 年代，西方一些大公司就开始定期测评 ES，70 年代，美国就制定了 ES 的标准化问卷（Spector，1997）。这个时期，研究集中在 ES 对劳动生产率、缺勤率和留职率的影响上，80 年代起，研究转向 ES 对顾客满意度产生的影响上。就服务行业而言，长期以来，无论理论界还是实践界，"顾客是上帝"、"顾客永远是对的"等观念一直作为公理向员工灌输，指导着接待业管理实践。20 世纪 80 年代末，接待业员工满意理论在顾客满意理论基础上发展起来，并逐步受到重视。

1992 年，美国罗森布鲁森旅行社总裁出版的著作《顾客第二》在西方国家
旅游界产生了强烈反响，书中强调"只有快乐、满意的员工才有快乐、
满意的顾客"的观点得到社会的广泛认同，接待业员工才受到应有的重
视。有关接待业员工满意度、留职意愿的研究也逐渐发展起来。

在我国，接待业员工满意度研究始于 90 年代初。这是因为人们管理
理念的转变需要一个过程。改革开放前，一切强调"为人民服务"，忽略
了员工个人的需求，政治运动和劳动观念的强化教育代替了管理手段。
改革开放后，国外合同制、雇用观念逐渐被接受，管理者很少考虑员工
的感受，用纪律与薪水控制着员工。20 世纪 80 年代，"人本管理"思想
开始影响中国。对员工的管理开始体现尊重与关怀，管理的公开化取代
以往的神秘化，用制度保证员工在组织中的有效参与、公平竞争与福利
待遇。21 世纪以来"以人为本"的管理理念更是深入人心（谢祥项，
2003）。接待业管理者认识到员工是企业最重要资源，而人才流失则是隐
性人力成本，要想提高企业经济效益就必须将员工满意与忠诚放在首位，
把员工看作是"为女士和绅士提供服务的女士和绅士"。于是接待业员工
满意度与留职意愿的研究慢慢多了起来。现将国内外接待业员工满意度
与留职意愿的主要实证研究成果列在表 2-4 中。

表 2-4 接待业员工满意度、留职意愿主要实证研究成果

研究者	研究主题	研究对象	研究结果
Mok（1986）	员工满意度与流失率的关系	香港地区旅游企业员工	负相关
Rogers（1994）	如何提高服务性企业员工满意度	英国快餐业员工	物质与精神激励并重
国际饭店协会（IHA，1995）	酒店员工满意度调查	美、英、法等国 1990 名酒店员工	满意度较低
Kwok Leung 等（1996）	基于组织公平的酒店员工满意度调查	中国合资酒店员工	满意度较低
Spinelli（2000）	员工满意度与顾客满意度的关系	餐饮业员工	关系不明显
Comm（2000）	服务性企业员工满意度评价	高学历员工	满意度较低
Lam（2001）	酒店员工满意度调查	香港地区酒店员工	满意度较低

研究者	研究主题	研究对象	研究结果
Spinelli（2001）	用宗教的人文关怀理念提高员工满意度	接待业员工	具有较好的效果
Hemdi（2002）	员工离职倾向预测	酒店员工	满意度对离职率有重要影响
Sarker（2003）	年龄与工龄对满意度的影响	泰国酒店员工	工龄与满意度正相关
Jonathan（2004）	提高酒店员工满意度的策略	酒店员工	改善薪水与人际关系
Silva（2006）	员工个性对接待业员工满意度与组织承诺的影响	接待业员工	密切相关
谢礼珊、汪纯孝（2004）	心理授权与员工满意度的关系	旅游企业员工	正相关
谢祥项（2003）	员工满意与员工工作绩效	饭店员工	正相关
邵峰（2005）	不同部门员工满意度调查研究	星级酒店员工	满意度不相同
田喜洲、蒲勇健（2006）	导游工作满意度分析与测评	旅行社导游	满意度较低

资料来源：根据相关文献整理而成。

国内外研究结果都表明接待业员工满意度水平普遍较低（Woods，1992）。Lam（2001）通过对香港酒店员工的调查，得出的结论是香港地区酒店员工满意度和留职意愿是世界上最低的，这是困扰香港地区旅游业多年的问题。田喜洲和蒲勇健（2006）的实证研究也同样得出了导游工作满意度较低的结论。

2.2.3　接待业员工工作态度的影响因素

2.2.3.1　人口统计因素对接待业员工满意度影响

对员工满意度分析时一般都要考虑员工的人口统计因素，这些因素包括：性别、年龄、受教育程度、工龄、婚姻家庭、有无子女等。在不同行业，这些因素对员工的影响结果并不相同，但在接待行业，它们对员工满意度的影响基本相同，现总结如表2-5所示。

表 2–5　人口统计因素对接待业员工满意度的影响

人口统计因素	代表性研究者	对满意度的影响
性别（Sex）	Clark（1997）	女性更满意
年龄（Age）	Clark 等（1996）	呈 U 形
学历（Education）	Tsang 等（1991）	负相关
工龄（Tenure）	Sarker 等（2003）	正相关
婚否（Married）	McGunnigle（2000）	已婚者较高
种族（Race）	Bartel（1981）	无影响
职位（Occupation）	Brown（2003）	正相关

资料来源：根据相关文献整理而成。

2.2.3.2　影响员工满意度与留职意愿的其他因素

影响员工满意度、留职意愿的除了人口统计因素外，还有很多变量。香港理工大学 Connie Mok（1986）对香港旅游业员工满意度影响变量进行了调查。他认为员工满意度的影响变量主要有：工资待遇、职务晋升、上级的监督管理。谢礼珊等（2004）则提出影响员工留职意愿的主要变量是组织承诺与心理授权。邵锋（2005）通过调查得出影响酒店员工满意度的变量是：报酬、工作环境、工作本身、人际关系、酒店的发展前景等。傅慧和汪纯孝（1998）提出影响员工满意度变量的重要程度依次是：工资待遇、管理风格、培训机会、同事关系等。Lam（2001）研究发现，薪资（Pay）和升迁（Promotion）是员工衡量工作满意的重要指标。总之，多数研究者都认为：薪水、工作本身、同事关系、职务晋升等因素是影响接待业员工满意度、留职意愿的主要变量。

从以上综述可以发现，目前对接待业员工态度与行为影响因素的研究集中在有形的物质因素上，而有关心理因素的影响研究较少。

2.3 心理资本对员工工作态度及行为的影响研究

2.3.1 心理资本对员工工作态度与行为影响的实证研究成果

20 世纪 80 年代以前，经济学家一直关注人力资本对员工工资的影响。由于他们通常假定心理资本是不可以测量和观察的，因此，很少考虑把心理资本当作工资的一个影响因素。经济学家 Goldsmith，Veum 和 Darity（1997）则借鉴心理学家的观点，实证地研究了 PsyCap 对员工工资的直接和间接影响。研究结果表明，员工 PsyCap 与其生产率和工资之间存在显著正相关，而且与员工人力资本相比，PsyCap 对员工的工资水平的影响更大。在企业进行的实证研究都表明，PsyCap 及希望、乐观和坚韧性等维度，能够对员工的工作绩效和工作态度产生积极影响。比如，Peterson 和 Luthans（2002）进行的实证研究表明，希望水平较高的员工，其绩效也较高。Luthans（2005）等通过对 422 位中国员工的实证研究，探讨了 PsyCap 与他们工作绩效之间的关系。研究结果表明，中国员工的希望、乐观和坚韧性三种积极心理状态与他们的工作绩效有正相关关系，而且，希望、乐观和坚韧性合并而成的 PsyCap 与他们工作绩效之间的正相关关系更明显。同样，Luthans 和 Jensen（2005）研究结果显示，护士自评的 PsyCap 水平与直接领导对她们的留职意向及对医院的使命、价值观和目标承诺的评估有很高的正相关。Larson 和 Luthans（2006）还研究了员工 PsyCap 对其工作态度的预测作用。结果表明，员工的 PsyCap 与其工作满意度（r = 0.373）和组织承诺（r = 0.313）显著正相关，此外，与人力资本和社会资本相比，员工 PsyCap 对工作态度的影响更明显。

Avey，Patera 和 West（2006）通过实证，研究了心理资本与员工的缺勤行为（Absenteeism）的关系。结果显示，希望、乐观与员工的非自愿和自愿缺勤存在负相关，整体的心理资本（由希望、乐观、坚韧性和自我效能感合并而成）比自信、乐观、坚韧单个因素能更好地预测员工的自愿缺勤，整体的心理资本比自信、坚韧性和希望单个因素能更好地预测员工的非自愿缺勤；整体的心理资本比工作满意度和组织承诺能更好地预测员工的非自愿缺勤。

仲理峰（2007a）通过对中国企业领导和员工的实证研究，检验了 PsyCap 及希望、乐观和坚韧性三种积极心理状态与员工的工作绩效、组织承诺和组织公民行为之间的关系。结果表明，在控制性别和年龄两个人口统计学变量的效应后，员工的希望、乐观和坚韧性三种积极心理状态，都对他们的工作绩效、组织承诺和组织公民行为有积极影响，员工的希望、乐观和坚韧性三者合并而成的 PsyCap，对他们的工作绩效、组织承诺和组织公民行为有积极影响，而且比希望、乐观和坚韧性三者单独的影响作用都大。该研究第一次在中国文化环境下，验证了心理资本及其三个维度都与工作绩效和组织承诺存在正相关，这与在西方文化背景下取得的结果基本一致。PsyCap 不仅对员工，而且对企业家的工作态度与行为也能产生重要影响（Jensen，Luthans，2006），所以说，研究 PsyCap 对现代企业人力资源管理十分重要。

此外，王雁飞和朱瑜（2007）通过对 PsyCap 研究综述后认为，Psy-Cap 对员工态度与行为影响主要通过三种方式：①主效应模型；②中介效应模型；③调节效应模型。以下列出了 PsyCap 主要实证研究成果（见表2-6）。

表 2-6　心理资本对员工态度与行为影响的实证研究成果

研究者	研究主题	研究对象	研究结果
Goldsmit, Veum, Darity (1997)	心理资本与社会资本对员工工资的影响	美国制造业	影响显著
Seligman (1998)	乐观与绩效及留职率的关系	美国员工	正相关
Schulman (1999)，Wanberg (1997)，Peterson (2000)	乐观与管理者及员工的绩效、满意度、留职、压力的关系	英国企业管理者与员工	显著相关
Goldsmith 等 (2000)	心理资本（在研究中称为"核心自我评价"）与员工工作效率的关系	美国员工	正向影响
Judge (2001)	心理资本与员工自评绩效的关系	美国制造业员工	PsyCap 可以解释员工自评绩效 20%~30%的变异
Letcher, Niehoff (2004)	PsyCap 与员工工资的关系	从行为经济学的角度分析了二者的关系	密切相关
Avolio 等 (2004)	希望、坚韧、信心和乐观与员工及领导行为的关系	美国员工	有直接的关系
Jensen, Luthans (2004)	心理资本与企业家领导才能的关系	美国企业家	关系密切
Luthans, Jensen (2005)	PsyCap 与员工组织使命忠诚、留职意向的关系	美国护士	正相关
Luthans, Avolio, Walumbwa (2005)	PsyCap 与员工绩效的关系	中国员工	正相关
Luthans (2005)	PsyCap 与员工绩效	中国员工	正相关
Avey, Patera, West (2006)	PsyCap 对员工缺勤的影响	美国服务业员工	负相关
Cole (2006)	PsyCap 在失业对幸福感影响中的中介作用	澳大利亚员工	中介作用明显
Luthans, Norman, Jensen (2006)	心理资本对海外投资者的价值	对海外企业家的绩效影响很大	影响显著
Larson, Luthans (2006)	PsyCap 对员工态度（满意度、组织承诺）的影响	美国制造业员工	正相关
仲理峰 (2007a)	PsyCap 对员工工作绩效、组织承诺、公民行为的影响	中国内蒙古国有企业领导与员工	正相关

资料来源：根据相关文献整理而成。

2.3.2　心理资本对接待业员工行为与态度的影响研究

接待业人力资源管理的研究目前偏重于理论的应用与验证，一些现有的理论尚不成熟，结合接待业特点的理论与模型较少（杨云，2006）。情绪智力、情感劳动等热点领域还有许多问题没有解决，需要开展深入的理论研究。例如，情绪智力对服务工作的影响力和测量标准、接待业人力资本的价值测量指标和方法等。另外，接待业具有无形服务性、劳动密集性、生产和消费的同时性等特点，需要更多地关注情感劳动、心理资本与心理契约等研究议题。目前，还没有发现心理资本对接待业员工行为与态度影响的研究。

2.4　心理资本研究中尚待解决的问题

王雁飞和朱瑜（2007）对 PsyCap 研究中存在的问题进行了梳理，列出了有待研究的主要问题：

第一，心理资本内涵的界定与要素选择标准的统一。文献研究表明，不同研究者对于什么是心理资本的问题存在较大分歧，对心理资本要素选择标准的看法也不统一，因此研究结果自然也有较大差异。这与目前心理资本研究尚处于起步阶段，缺乏系统理论体系指导有着密切关系。

第二，心理资本结构的探索和验证。目前的心理资本结构理论只是一个初步模型，心理资本结构是否还包含其他要素或内容还不清楚，因此心理资本结构问题还需要进一步地探索和验证，同时，需要开发有效的心理资本测量工具，并对已有测量工具的有效性进行检验。

第三，心理资本理论的跨文化研究。目前的心理资本理论是以西方文化为背景得出的，该理论在中国文化背景下是否适用，中国文化背景下的心理资本结构与西方的研究结果是否一致，有哪些特色等问题还不得而知。因此，有必要探索中国文化背景下的心理资本结构，并对西方心理资本理论进行验证。同时也有必要对国外心理资本与相关变量关系的研究结果进行验证，并开展跨文化比较研究。

第四，加强心理资本对结果变量影响机理的研究。目前，西方有关心理资本对结果变量影响机理的研究结论存在较大分歧。因此，强化心理资本研究认知取向，澄清心理资本影响效应关系中的认知作用机理应是今后研究的主要方向之一。

第五，目前对影响心理资本的因素探讨较少，因此，这方面内容将是今后研究的重点之一。

本书正是选取以上没有解决，或在中国文化环境中没有验证的第二、第四、第五个问题，结合我国接待业员工展开研究。

2.5 心理资本理论在接待业人力资源管理中的意义

随着社会的发展和人们生活水平的提高，消费者不仅重视服务结果的质量，而且要求服务人员在服务过程中表现出真挚的情感与乐观的情绪。对接待业员工来说，尤其要注意保持良好的心态，使自己处于一种轻松愉快、自信开朗、乐观积极的情绪状态之中，以良好的心理情绪影响与感染客人，使双方的沟通、互动顺利而愉快地进行，这样，才能有助于提高客人感知的服务质量与满意度，从而提升企业经营效益。PsyCap从本质上集中反映了员工的心理环境与情绪智力，具体表现为友善、乐观、宽容、信心、自尊、乐于助人等积极人格特征。心理资本水平高的员工能够愉快工作、乐于奉献，产生"乐福感"（Flow），从而提高服务质量。管理心理学家弗莱德克森（Fredrickson，2001）提出，服务性企业应当努力培养组织成员的愉悦、兴趣、自豪和乐观等积极情绪，因为这些因素不仅能使个人快乐，也能通过影响组织中的他人和客人给整个组织带来变化。

此外，PsyCap 能帮助企业建立良好的人际关系。接待业内部分工细致，需要员工之间密切配合，而 PsyCap 水平高的员工常常对生活和工作充满好奇与兴趣，比较有耐心和坚持性，不具有自我中心主义，乐于与人相处，同时更容易识别他人情绪，成功控制自己的情绪，不易表达出像愤怒或厌恶等令人不快的负面情绪。这对形成员工与员工及客人之间的良好关系尤其重要。

2.6 本章小结

心理资本概念一经提出，就受到管理学与心理学界的广泛重视，美国 Nebraska 大学的 Luthans 团队为心理资本的研究做出了重要贡献，但是心理资本在国内的研究才刚刚开始。本章回顾了 PsyCap 产生的理论基础及其对员工工作态度与行为的影响。通过综述，明确了 PsyCap 研究中存在的主要问题（如 PsyCap 的结构，影响因素、效应与机理等问题）。本书正是在前人研究的基础上，对中国文化中以上问题展开研究，这样能使论文具有针对性与实用价值。

3 研究设计、数据收集与研究工具

在研读国内外研究文献的基础上，本章主要提出相关假设及研究设计。

3.1 概念模型与立论依据

3.1.1 概念模型

根据文献综述，本研究把 PsyCap 的影响效应分为三类：一是直接效应，例如，PsyCap 可能对员工工作态度与行为有直接影响；二是中介效应，例如，PsyCap 可能中介心理契约违背对员工行为与态度的影响；三是间接效应，例如，PsyCap 可能对员工留职意愿不产生直接影响，但是可以通过员工满意度等变量间接影响留职意愿。根据相关研究，提出以下概念模型（见图 3-1），检验 PsyCap 的影响效应及潜变量间的相互关系。

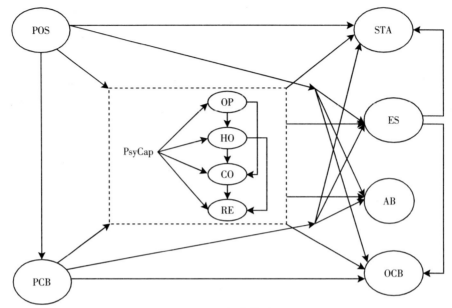

图 3-1 概念模型

注：POS：企业支持感；PCB：心理契约违背；PsyCap：心理资本；STA：员工留职意愿；ES：员工满意度；OCB：组织公民行为；AB：员工缺勤行为；OP：乐观；HO：希望；CO：自信；RE：坚韧。

3.1.2 假设及立论依据

3.1.2.1 心理资本结构

近年来，心理资本理论成为国外人力资源管理研究的热点问题。然而，正像不少学者指出的那样（仲理峰，2007b；王雁飞、朱瑜，2007）："关于 PsyCap 的研究才刚刚起步，还有许多问题等待解决，如 PsyCap 的结构、测量及其影响因素，等等。"本研究目的之一就是在中国文化环境中，探索心理资本的维度及相互关系。

（1）心理资本结构研究回顾。对心理资本结构及其相互关系探讨不仅有助于深入理解心理资本的内涵，也有助于开发心理资本的测量工具。目前研究者对心理资本的理解存在不同的视角，因此所确定的心理资本结构要素和所开发的测量工具也有所差异。由于不同国家国情、制度和文化的差异，员工心理资本的内容既有共性成分，也有差异性与特殊性。所以，不能照搬西方理论模型和方法来测量中国员工的心理资本，而是要在中国文化环境中探索 PsyCap 的结构与测量。

目前关于心理资本维度的研究极少，而且多是描述性的定性研究，Luthans（2006）也承认，关于 PsyCap 维度定量与实证分析是今后一个研究方向。关于 PsyCap 的结构主要有以下几种观点：①二维度说。经济学家 Goldsmith，Veum 和 Darity（1998）认为，PsyCap 由自尊（Self-esteem）和控制点（Locus of Control）两个因素构成，其中自尊又是一个多维度概念，包括价值观、善良、健康、外貌和社会能力；控制点是指一个人对生活的一般看法，包括内控与外控。②三维度说。Luthans 和 Jensen（2003，2004，2005）在其研究中不止一次认为，PsyCap 由希望、乐观和坚韧性三种积极心理状态组成，强调 PsyCap 是由它们构成的更高层次的核心竞争优势。他们在中国员工心理资本对其工作绩效的影响研究中使用了这个结构测量；仲理峰（2007a）的研究同样采用了三维度的 PsyCap 测量。③四维度说。Luthans，Youssef 和 Avolio（2006，2007）在另一些定性研究中又提出 PsyCap 由自信（自我效能）、希望、乐观和坚韧性四个维度构成，并且编制了四维度测量量表。④五维度说：有学者提出，PsyCap 是一个发展的概念，只要是符合积极组织行为学和 PsyCap 选择标准的元素（如感激、忠诚等）都应该纳入 PsyCap 的维度之中，例如，Page 和 Donohue（2004）将 PsyCap 的内涵进一步扩大，提出"信任"也是 PsyCap 的维度，并特别进行了理论阐述。这就形成了 PsyCap 五维度或多维度说。虽然每一种说法都各有道理，但是，很少有学者对 PsyCap 结构维度问题进行实证探索。以下是现有心理资本维度的相关研究成果（见表 3-1）。

从表 3-1 可以看出，尽管不同研究者提出的心理资本结构具有一些共同要素，例如，乐观、自信（自我效能感）、希望和复原力（常翻译为

表 3-1 心理资本结构研究成果

研究者及年份	量表名称	结构要素	量表信度与效度有无检验
Goldsmith 等（1997）	心理资本量表	自尊、控制点	无
Judge 等（2001）；Cole（2006）	核心自我评价构念量表	自尊、自我效能感、控制点和情绪稳定性	无
Jensen（2003）	心理资本评价量表	希望状态、乐观状态、自我效能感、复原力	
Page 等（2004）	积极心理资本评价量表	希望、乐观、自我效能感（自信）、复原力、诚信	无
Letcher（2004）	"大五人格（心理资本）"评价量表	情绪稳定性、外向性、开放性、宜人性、责任感	无
Larson 等（2004）	心理资本量表	自我效能感、乐观和复原力	无
Luthans 等（2005，2007）	心理资本问卷（PCQ-24）	希望、现实性乐观、自我效能感（自信）、复原力	有
Avey 等（2006）	心理资本状态量表	希望、乐观、复原力、自我效能感	无
Luthans 等（2006）	积极心理状态量表	希望、乐观、复原力	无
Jensen 等（2006）	心理资本状态量表	希望状态、乐观状态、复原力	无

资料来源：根据王雁飞、朱瑜（2007）及相关文献整理而成。

坚韧或韧性），但总体来说，心理资本结构的研究结论还存在较大差异。其中一个重要原因是文化环境差异与研究对象的不同，目前在中国文化环境中心理资本结构的研究文献还没有发现，此外，国外绝大多数心理资本量表的信度与效度没有得到证实（王雁飞、朱瑜，2007），很有进一步研究的必要。

（2）心理资本结构及其关系假设。根据心理资本概念，它的构成必须具有以下特点：状态性、可开发性、积极性，与其他概念有区分效度，并且对个体绩效能产生影响。因此，自信、希望、乐观与坚韧被认为是最符合以上标准的 PsyCap 维度。首先，它们是可以开发的、能对雇员行为与态度产生影响的积极心理状态。就希望而言，Snyder（2002）认为，它由意志力、目标及实现目标的途径构成，他的研究同时表明，希望与其他的积极状态具有聚合效度与区分效度，而且对经理及员工的个人绩效、留职意愿具有重要影响（Peterson，2003）；Luthans 针对我国员工的研究也证明，希望对员工的绩效工资产生积极影响。除此之外，Larson 等（2007）的研究说明，希望对员工的满意度、组织承诺和工作幸福感具有正向影响，与其他概念相比具有区分效度。因此，希望符合心理资本的概念要求，可以成为心理资本一个维度。而有关自信（自我效能）的研究基础是最坚实的。许多研究都表明（Stajkoqic & Luthans，1998a；Bandura，2000；Bandura & Locke，2003），自信是一个独立概念，具有积极性、可开发性和状态性，并且与员工的工作绩效密切相关，所以，也是最符合心理资本的要素之一（Luthans，2007）。乐观是对未来的积极感受，Peterson（2000）指出，现实的乐观是动态而可改变的状态，它能战胜成功路上的障碍。Seligman（1998）同样发现，乐观对保险人员的工作效率产生重要影响，Youseff（2006）也指出，乐观与员工满意度与工作幸福感，工作绩效高度相关。同样，大量研究（Luthans，2005；Maddi，1987；Larson，2006）也证明，坚韧是一种可以培养与改变的个人良好心理潜能，能对员工行为与态度产生重要影响。

此外，以上四种因素有基于实证的区分效度（Bryant & Cvengros，2004；Carifio & Rhodes，2002；Magaletta & Oliver，1999；Youssef & Luthans，1998）。同时，在这些概念深层，有一个起到共同作用的因素，把它们紧紧联系在一起，这可能就是高阶因子——PsyCap。这种共同的作用就是贯穿于各个因素中的共享机制——实现目标的动机倾向。Law 及其同事（1998）详细探讨了多维结构如何组成一个高阶潜在的建构，而这个建构在各维度之间有共同的解释方差。这种多维度因子组成一个高阶因子的研究在人力资源管理中并不少见。例如，Watson 和 Clark（1984）指出，相互区别而又联系的因素，虽然名称不同，但是可以考虑它们组成共同的建构。换句话说，有区分效度的心理结构可能在本质上有共同机制，影响个体的动机与行为，对共同的高阶因子具有独特的理论与测量贡献。在组织行为学中，有区分效度的因子组成高阶建构也是很常见的。例如，心理授权由工作意义（Meaning）、员工能力（Competence）、自我决定权（Self-Determination）和员工影响力（Impact）构成（Spreitzer，1995）；自我核心评价由自尊（Self-Esteem）、自我效能（Generalized Efficacy）、控制点（Locus of Control）和情绪稳定（Emotional Stability）四个维度组成（Judge & Bono，2001）。这些维度之间具有区分效度，同时又是高阶因子指标。同样，本文有理由认为 PsyCap 可能代表了自信、希望、乐观、坚韧共同的方差变异，也就是共同的影响机制。

基于以上相关理论研究基础，本文假设：

H1：在我国文化环境中，接待业员工心理资本的四维度（自信、希望、乐观与坚韧）结构比较稳定，且它们同属一个高阶因子：心理资本。

Luthans 等虽然对心理资本进行了大量研究，但是对心理资本结构因素（因子）之间的关系却没有进行研究，文献中也没有类似的实证研究。但是，根据积极心理学及认知、情感理论的研究成果，这些因子之间不仅相关，而且具有因果关系。首先，Peterson（2000）指出，乐观包含了认知成分、情感成分与动机成分，它体现了一个人对在某种环境中能完成什么，不能完成什么的评价，因此乐观能增加个体的自我效能（自信）与希望水平；侯奕斌与凌文辁（2004）也指出，积极的情绪状态，如乐观能提高个体的自信水平。因此，乐观对自信与希望可能产生直接正向影响。同样，在研究自信的影响时，Bandura（1998）指出，成功往往是经过无数次失败的尝试之后获得的，因此自信会使人更加坚强。Mager（1992）也指出，自信除了对个体的选择行为、动机性努力产生影响，还对个体承受压力的能力产生影响。所以，自信可能对坚韧产生直接影响。其次，Snyder（2000）发现，希望不仅反映了个体能实现目标的决心，而且包括个体对能够制定成功的计划、确定有效的途径及达到目标的一种信念，希望水平高的人对具体的工作也会更加自信，而且更容易从挫折感中恢复，也就是说更加坚韧。综上所述，有理由提出以下假设：

H2：PsyCap 四维度结构中因子间相互影响：乐观对希望及自信有直接正向影响；希望对自信及坚韧有直接正向影响；自信对坚韧有直接正向影响（它们之间的关系见图 3-2）。

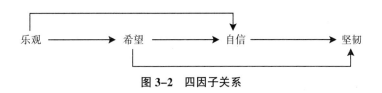

图 3-2　四因子关系

3.1.2.2　组织支持（POS）

1986 年，美国学者 Eisenberger 等提出员工感知的组织支持（也称组织支持感，Perceived Organization Support，POS）的概念，用来描述员工对组织重视他们的贡献并关心他们福利待遇的总体感觉（Eesenberger et al.，1986）。根据社会交换理论及互惠原则，得到组织支持的员工会增加其公民组织行为，减少离职倾向；同时通过他们的努力来提高服务质量及顾客感知的服务质量，从而提升顾客满意度。以往的研究把员工对组织的贡献作为重点，而忽略了组织对员工的支持。POS 理论提出了一个全新的研究内容，其重要意义就在于强调组织对于员工的支持（如关心和重视）才是导致员工愿意为组织做出贡献的重要因素。不少研究就POS 对员工工作态度和行为的影响进行了探讨，并得到了很多有意义的结论。近年来，有关员工 POS 研究越来越受到企业的重视。

POS 理论企图说明员工对组织忠诚与依赖的形成经过。从组织角度来看，管理者希望员工能对组织满意而忠诚，因为在情感上忠诚于组织的员工相信而且愿意接受组织的目标与文化，愿意为组织的发展做出贡献，并希望保持自己作为组织的成员身份。从员工的角度来看，组织是否承认员工的需要与贡献，是否尊重员工，是否公平地给予员工晋升与加薪的机遇，是否为员工提供必要的信息和资源帮助是最重要的。Eesenberger 等（2002）认为，员工与组织的关系是一种交换与契约关系，员工会把组织人格化，并根据企业对自己的"支持"调整自己的态度与行为，如果组织关怀员工的心理需要，承认员工的个性，为员工顺利完成工作提供必要的资源，员工就会感觉到组织重视他们的存在，关心他们的福利情况。作为回报，员工就会努力工作，服从组织的管理，接受组织的价值观与目标追求。根据 Mcmillian（1997）的研究，组织支持主要包括工具性支持（如物质支持、人员支持、信息支持）和社会情感支持（如亲密支持、尊重支持等）。

总之，POS 理论产生的理论基础是社会交换、公平原则和组织拟人性思想。这个概念给管理者提供了调整组织与员工关系的新途径。组织支持理论认为，先有"组织对于员工的支持"，然后才会有"员工对于组织的回报"。它克服了以往研究只强调"员工对组织的承诺"，忽略了"组织对员工支持"的局限性。

（1）POS 与 PsyCap 的关系。国内外关于 POS 与 PsyCap 关系的研究极少，但是关于 POS 对 PsyCap 维度影响的描述性研究还是出现过的。例如，在谈到 POS 对个体"希望"水平影响时，Luthans（1999）指出，除了显性的物质资源外，管理者的支持和承诺也是不可缺少的资源，没有高层管理的支持，无论中层领导者和员工拥有多大的意志力，重要的目标都很难实现。事实上，在缺少自上而下的组织支持的环境中，组织成员越是充满希望，他们的挫折感可能就会越强。Luthans（2001）还发现，领导的坚韧对增强员工的韧性具有非常重要的作用，从管理者的坚韧到员工的坚韧有一种逐渐向下的叠加效应。Harland 等（2005）也发现，变革型领导者的维度，如领导魅力、感召力、智能激发和个性化关怀等与员工坚韧正相关。另外，一个有效的社会网络与组织支持有助于打破员工的悲观情绪；督导、教练、角色示范、团队协作，甚至是简单的工作场所友谊和非正式的社会交往都有助于减少悲观者的孤立感，并推动员工乐观水平的开发（李超平，2007）。另外，组织适当的奖励，尤其是积极的、建设性的反馈、社会认同与关注等组织支持不仅可以鼓励员工积极的行为，还可以动摇悲观者的信念和态度，激发积极与乐观，最终使员工形成将成绩归于自身的、持久的、普遍性的乐观归因品质。也有研究（Avolio，2005）表明，人际关系和社会、组织支持会直接影响积极的生理结果和心理结果，解释与促进个体整体心理潜能。与此相反，一个缺乏企业支持的环境也会抑制甚至破坏心理资本。例如，在管理过程中，管理者如果频繁使用批评和消极反馈，缺乏对员工的认可，就会导致员工不信任，久而久之，这种消极性将降低下属的积极心理资本水平，导致员工的疏离、士气低落。所以，根据以上分析，提出以下假设：

H3：POS 直接正向影响员工 PsyCap 水平。

（2）POS 与员工工作态度与行为的关系。本研究中员工工作态度包括员工满意度、留职意愿；员工工作行为包括组织公民行为与缺勤行为。首先了解什么是组织公民行为（Organizational Citizen Behavior，OCB）？OCB 最早由美国教授 Organ（1983）提出，他在描述员工满意度的意义时指出，尽管员工工作态度与其产量之间没有显著相关，但满意度会影响员工帮助同事、与同事合作的意愿，进而影响到企业的绩效。同年，Organ 和 Bateman 正式应用 OCB 来描述由工作满意度导致的员工帮助他人及与人合作的行为（Organ，1997；Motowidlo，2000）。1988 年 Organ 正式把 OCB 定义为，员工自发的、企业的激励机制无法作用到的、有助于企业提高经营效率的员工个人工作行为。员工不会因为没有表现 OCB 而受到企业的批评，也不会因为有此行为而受到奖励。而员工这种行为有助于企业提高顾客满意度与经营效率。具体而言，员工 OCB 包括：利他行为、礼节性行为、尽职行为、公民美德、吃苦精神。在接待业中，OCB 行为尤为重要，这是因为接待业员工的这种行为有助于提高顾客感知中的服务质量和顾客满意度，有利于提高企业经济效益。但是，到目前为止，我国学者还没有在接待业中深入探讨员工的组织公民行为及其影响因素（吴清津等，2004）。

随着经济发展和时代进步，人力资源被认为是组织中最有价值的资源。研究者普遍认为，员工感觉中的组织支持影响着员工的工作态度和行为。根据社会交换理论的互惠原则，得到企业支持的员工更可能觉得自己有责任关心企业的发展，并帮助企业实现目标。这种责任感会增强员工对企业的情感承诺与留职意愿（O'Driscoll & Randall，1999）。员工感知的企业支持能对员工的满意度产生积极影响。企业支持可以满足员工的情感需要，使员工相信企业会感谢他们的付出，愿意帮助员工解决工作中的困难，从而增加员工满意度（Rhoades & Eisenberger，2001）。组织支持感强的员工不仅会认同企业的目标设定和文化价值观念，而且会认为自己有责任为企业做出更大的贡献，回报企业对自己的关心和支持（Wayne，Shore & Linden，1997）。员工回报企业的责任感及员工对企业的情感承诺，会减少员工的缺勤行为，增加员工的利他行为（O'Driscoll & Randall，1999；Susskind，Borchgrevink & Kacmar，2000）。因此，组织支持有助于员工提高组织承诺感，激励员工表现更多的组织公民行为，如协助同事，主动帮助他人，向管理者提出合理化建议，关心企业的成长（Moorman，Blakely & Niehoff，1998）。在员工感觉中的企业支持对员工的组织公民行为影响研究中，国外学者得出一些相互矛盾的结论（吴清津，2004）。例如，美国学者Wayne（1998）等的研究结果表明，员工感觉中的企业支持能促使员工表现出更多的利他行为（Wayne，Shore & Linden，1997）。而Eisenberger（2001）等的研究结果却表明，企业的支持与员工的工作行为没有显著的相关关系。澳大利亚学者Bell和Menguc的实证研究结果则表明，虽然员工感觉中的企业支持对组织公民行为没有直接影响，但企业的支持可增强员工对企业的认同感，间接影响员工的组织公民行为（Bell & Menguc，2002）。目前在接待业中，对员工感觉中的组织支持与员工态度与行为之间的关系还没有统一结论。因此，有必要进行相关深入研究。

与制造业相比，接待性企业对服务人员的支持更为重要，因为服务过程与消费过程的同时性要求员工必须在工作中高度投入，确保每次都为顾客提供优质服务（Susskind，Borchgrevink & Kacmar，2000）。企业重视员工的贡献，关心他们的福利，有助于降低员工的工作压力，增强员工的工作满意感（谢礼珊，2004）。同时，组织的支持不仅使员工感到满意，而且还能通过服务过程影响到顾客的感知服务质量，提高企业的经济效益。

综上所述，在接待业中提出以下假设：

H4：POS 正向影响员工的留职意愿。

H5：POS 正向影响员工的满意度。

H6：POS 正向影响员工的组织公民行为。

H7：POS 负向影响员工的缺勤行为。

3.1.2.3　心理契约违背（PCB）

（1）心理契约与心理契约违背。契约是人与人、人与组织、组织与组织之间关系的核心纽带，同时契约又是不完备的，因为契约双方的信息是不完全对称的。在现实生活中，人们常常通过书面契约规定双方的权利与义务，但是书面契约又往往不能穷尽所有的义务与责任，这就要由心理契约来补充与调整。心理契约就是双方当事人之间不成文的、内含的，体现双方相互责任义务的主观约定。例如，一个高学历的员工进入组织，他总是希望得到领导的重视，能有机会晋升；同时组织也希望他能做出更大的贡献，体现其自身价值。虽然这些期望无法写进书面契约，但是双方可以达成某种程度上的"心理默认"，这就是心理契约的具体体现。心理契约这一概念最早由美国人 Agyrs 在 1960 年提出，Levinson 于1962 年加以补充完善。近 20 年来，有关心理契约的研究取得了大量成果，近年来，心理契约违背又成为国内外人力资源管理研究的热点问题。

心理契约违背（PCB）是指契约一方因为没有履行以"默认"为主要内容的心理承诺而导致另一方的主观感受与认知评价（李原，2006）。例如，一个高学历的员工在组织中没有受到重用，他就可能产生失望、气愤等不良情绪，甚至出现离职行为。造成心理契约违背原因很多，可能是组织无力兑现，也可能是有意违背，还有可能是双方对契约的理解有分歧。当心理契约违背后，是否被员工感知或有所反应要看这种违背是否明显，后果是否严重以及该契约对员工是否重要。即使这种违背被员工感知，那么员工的态度和行为是否会产生明显的改变还要受个体差异、企业影响力和就业市场的影响。这说明心理契约不仅具有主观性、动态性和相互性（李原，2005），而且它的违背对员工工作态度与行为的影响还有可能通过中介因素产生。改变这些中介因素可以最大限度地减少心理契约违背对员工态度和行为产生的不利影响。

（2）组织支持（POS）与心理契约违背（PCB）。POS 影响着员工对组织履行责任好与坏的看法，POS 水平高的员工很少监督组织的行为，更加宽容地判断组织是否履行其责任。同时，心理契约理论认为 POS 会影响到心理契约的满足（Morrison & Robinson，1997；Robinson，1996；Rousseau，1995）。Eisenberger（2003）认为，POS 反映了员工为了满足被赞同、归属和尊重的需要，以及判断组织是否会对更努力工作的员工付出更多的回馈，它是员工关于组织重视他们的贡献和利益的一般性知觉。这种知觉的体验将会导致员工对自己的贡献（努力、能力和忠诚等）与组织回报（报酬、晋升和工作保障等）之间的交换关系产生不同的理解。而心理契约理论则认为雇员基于组织履行责任的程度来修改他们的心理契约责任，组织未履行责任会导致雇员可感知的自身责任的降低。相反，良好的待遇会使工提高其自身的责任感，同样，增加 POS 会增强员工对组织的责任感。Eisenberger 观点说明，当员工有较强组织支持时，则会产生被赞同、归属和尊重的认知，进而认为基于互惠关系的付出和所得达到平衡，从而满足了员工对组织的期望，也就是心理契约得到满足。相反，较低的 POS 水平则可能导致员工的心理契约违背感增强。而且，作为 POS 的两个维度，工具性支持和社会情感支持也可能和心理契约满足（或违背）存在正向（负向）的影响关系。Tekleab 和 Tayler（2005）认为，员工是否感受到组织的支持会影响到员工的心理契约违背感。他们的纵向研究发现，组织支持感可以预测心理契约的满足程度。换句话说，当员工相信组织是支持性的——通过组织所作所为表明组织关怀员工的福利与发展，并在员工需要时愿意提供帮助——则员工更可能相信组织兑现了承诺；反之亦然。这中间可能存在的一种解释是，组织支持感提供了一种预置的倾向性，会使员工忽视组织微小的契约违背行为，并把严重的违背看成是个案而给予原谅。虽然在接待业中，还没有类似研究，但有必要提出以下假设：

H8：POS 直接负向影响员工的 PBC。

（3）PCB 对员工工作态度与行为的影响。国外研究表明，PCB 对员工的态度（如离职倾向）和行为（如组织公民行为）产生影响，但是大部分研究对象没有进行分类，也就是说，研究对象都是制造业员工、IT 行业员工与其他行业员工的混合体，没有考虑不同行业、不同类别员工的差异性。国外关于 PCB 对员工态度影响的研究较多，现总结如下（见表3-2）：

表3-2　PCB 对员工态度影响研究成果

作　者	心理契约违背与工作态度的相关系数		
	工作满意度	组织承诺	离职意愿
Tekleab，Takenchi 和 Taylor（2005）	−0.37	—	0.14
Sutton 和 Griffin（2004）	−0.57	—	0.32
Raja，Johns 和 Ntalianis（2004）	−0.30	−0.49	0.48
Johnson 和 O'Leary-Kelly（2003）	−0.59	−0.52	—
Lo 和 Aryee（2003）	—	—	0.48
Tekleab 和 Taylor（2003）	−0.34	—	0.23

续表

作 者	心理契约违背与工作态度的相关系数		
	工作满意度	组织承诺	离职意愿
Conway 和 Briner（2002）	−0.57	−0.41	0.42
Conway 和 Briner（2002）	−0.57	−0.39	0.41
Kickul，Lester 和 Finkl（2002）	−0.36	—	0.16
Lester 等（2002）	—	−0.25	—
Bunderson（2001）	0.04	0.17	0.02
Flood，Turner，Ramamoorthy 和 Rear- son（2001）	—	−0.42	0.47
Turnley 和 Feldman（2000）	−0.56	—	0.48
Coyle-Shapiro 和 Kessler（2000）	−0.38	−0.30	—
Coyle-Shapiro 和 Kessler 2000（2000）	−0.46	−0.27	—
Coyle-Shapiro 和 Kessler（2000）	−0.46	−0.23	—
Turnley 和 Feldman（1999）	—	—	0.38
Cavanaugh 和 Noe（1999）	−0.72	—	0.25
Guzzo，Noonan 和 Elron（1994）	—	−0.27	0.16
Robinson 和 Rousseau（1994）	−0.76	—	0.42

资料来源：Conway 和 Briner（2005）。

相比之下，PCB 对员工工作行为影响的研究较少，但是，也有少数学者研究发现，PCB 对员工的工作行为会产生重大的负面影响，例如，PCB 会降低员工的组织公民行为等（Turnley & Feldman，2000）。在接待业中，POS 与 PCB 的关系研究很少，所以在这一行业中检验 POS 与 PCB 的关系具有一定现实意义。结合上面阐述，提出以下假设：

H9：PCB 负向影响员工的留职意愿。

H10：PCB 负向影响员工的满意度。

H11：PCB 负向影响员工的组织公民行为。

H12：PCB 正向影响员工的缺勤行为。

（4）PCB 对员工心理资本的影响。PCB 不仅对员工的态度与行为产生负面影响，而且影响到员工的心理情感与体验，以下是已有的相关研究成果（见表 3-3）。

表3-3 PCB对员工心理影响

PCB的研究者	情感影响	思想影响	对PsyCap的可能影响
Greenberg（1990）	失望、不满	如果他们这样来做事，对这个组织的忠诚还有何意义	希望受阻
Greenberg等（1990）	违背、伤心	他们竟这样对待我	乐观受到影响
Robinson等（1994）	愤怒	我怎么能再相信这个组织	产生怀疑
Turley和Feldman（1999）	暴力	我不再对这个组织全身心投入	坚韧受到挑战

资料来源：根据李原（2006）和相关文献整理而成。

当PCB出现时，员工对组织的承诺和信任程度也将明显下降，如果组织不能保证长期、稳定的雇用承诺，将失去一些宝贵（充满希望与自信）的员工。另外，PCB会使员工因收入和工作安全感的丧失而产生消极的情绪，如对未来的恐惧、冷漠和不愿表现出组织公民行为等。所以本文在接待业中有以下假设：

H13：PCB负面影响员工的心理资本水平。

3.1.2.4 心理资本（PsyCap）对员工工作态度与行为的影响

文献综述部分回顾了PsyCap对员工工作态度与行为的影响，这些影响主要有心理资本对员工工作绩效、工作满意度、组织承诺、组织公民行为等的积极影响作用，对离职意向和缺勤行为的消极影响作用。具体而言，PsyCap的影响效应主要通过三种方式产生：直接影响效应（直接效应或主效应）、间接影响效应（间接效应或缓冲效应）和中介影响效应（中介效应或调节效应）。

（1）直接影响效应。直接影响效应是指心理资本对个体、群体和组织层面的相关结果变量具有直接影响作用，其效应独立于其他变量（王雁飞、朱瑜，2007）。目前PsyCap的影响研究主要是指直接影响。大量研究表明，心理资本与员工态度和行为变量具有密切的关系（Luthans，2007）。而且，PsyCap作为一个整体要比其结构要素对员工态度、行为与工作绩效的影响大得多。具体的研究成果及综述见第2章第2.3节及表2.6

的内容。基于已有的研究成果,在接待业中进行以下假设:

　　H14:PsyCap 对员工留职意愿有直接正向影响。

　　H15:PsyCap 对员工满意度有直接正向影响。

　　H16:PsyCap 对员工组织公民行为有直接正向影响。

　　H17:PsyCap 对员工缺勤行为有直接反向影响。

　　(2)间接影响效应。间接影响效应指心理资本是通过影响一些中间变量来间接地影响员工的态度与行为,即心理资本对结果变量的影响也可能是间接的。Goldsmith(1997)指出,心理资本不仅直接影响个体的自尊水平,还会通过控制点影响个体的薪酬水平。Cole(2006)的研究结果也表明,心理资本通过影响个体的主观满意感来影响个体的行为动机,进而影响到员工的工作搜寻行为。以上都是 PsyCap 的间接影响效应。在本研究中,PsyCap 除了可能对员工态度与行为产生直接影响效应,还可能通过员工满意度这个重要的变量对员工缺勤行为(AB)、组织公民行为(OCB)及留职意愿(STA)产生间接影响,因为,员工满意度对 AB、OCB 与 STA 的影响在接待业中得到了已有文献的支持(谢礼珊等,2004;吴清津等,2004;谢祥项,2003)。所以,在接待业中有以下假设:

　　H18:PsyCap 通过员工满意度(ES)对 AB、OCB 与 STA 产生间接影响。

　　(3)中介影响效应。心理资本有时还可能调节其他变量对员工态度与行为的影响,也就是说,PsyCap 在其他变量对员工行为态度影响中起到调节作用。例如,Cole(2006)以失业员工为对象研究发现,在失业后的主观满意感与再就业关系中,心理资本起着中介作用,即心理资本水平越高,主观满意感对再就业的影响作用越明显,但 PsyCap 中介影响的研究目前还不多。另外,学者们发现心理契约违背感对员工工作态度和行为的影响是通过其他一些中介变量来传递。例如,Robinson(2005)在一项纵向追踪研究中发现,组织信任(Trust in Organization)在心理契约破坏感与员工组织行为、工作绩效的关系中起完全中介作用，而在心理契约破坏感与留职意愿的关系中起部分中介作用。这让人自然想到，PsyCap在心理契约违背与工作态度、工作行为的关系中是否也起到中介作用呢？所以在接待业中，不妨进行假设：

H19：PsyCap在PCB及POS对员工态度与行为的影响中起到（部分或全部）中介作用。

3.1.2.5 员工满意度（ES）

以上分析了PsyCap对员工态度与行为的影响。其实，员工态度对员工行为的影响也是明显的。心理学家就态度对行为的预测作用进行过大量研究，在接待业中，员工态度（如满意度）对员工行为的影响研究并不少见（Muchinsky & Tuttle，1979；Ghiselliet，2000；Reichela & Pizamb，2002；谢祥向，2003）。所以，首先有必要对员工满意度进行一下回顾。员工满意度（Employee Satisfaction，ES）可定义为员工对各种工作特征加以综合后所得到的体验，是对工作的个人整体评价和个体需求被满足程度（Schaffer，1953）。而员工留职意愿（Employee Intend to Stay，STA）则是指员工以实际行动表现的对企业依赖、信任与工作自豪感，它明显的体现就是无离职动机与行为。如果把影响员工满意度的变量称为满意度的前置因素（Priority），那么组织承诺、忠诚或离职（流失）就是员工满意度的后向结果（Consequence）。满意的员工是否会对自己的组织有更多的承诺与忠诚，或者说一个不满意的员工是否会离职呢？

其次，国外学者Muchinsky与Tuttle（1979）综合39篇探讨流失倾向与工作满意感关系的研究发现，除了4篇之外，其余均显示出两者之间呈现负相关。台湾学者蔡坤宏（1999）通过对台湾地区十几年来研究组织承诺、工作满意和离职意愿的相关文献分析发现，工作满意感和流失倾向之间有着中度或高度的负相关。Ghiselliet（2000）也认为，工作满意和组织承诺皆会影响员工流失。他在2001年又以明尼苏达工作满意度量表对 24 家餐饮服务公司员工进行调查，得出薪资满意指标为影响员工流失的重要指标。中国大陆研究者傅慧、汪纯孝（1998）对宾馆员工满意度的实证研究也得出了同样的结论。因此，提高员工满意度是接待业降低员工流失率的重要措施，高度满意的员工愿意继续在本企业工作并且愿意为企业做出更大贡献。根据以上分析，提出如下假设：

H20：ES 对员工留职意愿有直接正向影响。

H21：ES 对员工缺勤有直接负向影响。

H22：ES 对员工组织公民行为有直接正向影响。

3.2　变量设计

根据李怀祖（2005）的观点，阐明问题阶段的第一步是将设想或创意转化为研究假设，这主要是前述概念化过程（Conceptualization）；在此之后则是操作化过程（Operationalization），就是把研究的概念转化成可以观测的变量，设计可操作的数据观测方案。所以，下面首先进行变量概念化过程，即给出研究变量的操作化定义。

3.2.1　本研究潜变量操作化定义

（1）心理资本（PsyCap）。是个体在成长和发展过程中表现出来的一种积极心理状态，具体表现为：在面对充满挑战性的工作时，有信心并能付出必要的努力来取得成功（自信）；对现在与未来的成功有积极的归因（乐观）；对目标锲而不舍，必要时为取得成功能调整实现目标的途径（希望）；当身处逆境和困难，能持之以恒，迅速恢复并超越（坚韧），取得成功。对心理资本的测量主要借用本书第 4 章的研究成果及 Luthans

（2007）的研究成果。

（2）心理契约违背（PCB）。对"心理契约违背感"的测量，主要借鉴 Robinson 和 Morrison（2000）设计的量表，并用反向计分法统计。该量表包含 7 个项目，例如"到目前为止，公司在招聘我时作出的所有承诺几乎都实现了"、"到目前为止，公司在履行对我的承诺方面做得很好"等。为了考察该量表在中国文化背景下的适用性，本研究对该量表进行了预试。在预试（108 个样本）中发现第 4 个项目"公司没有兑现当初'根据我的贡献大小给我报酬'的承诺"因子负荷很低（可能是被调查对象对该项目的理解不一所致），而且该项目与其他四个项目有一定的内容交叉。为了防止非正定矩阵的出现，删除了该项目。因此，在正式调查阶段使用原量表中 6 个因子负荷较高的项目进行测量。

（3）员工感知的组织支持（POS）。POS 是员工对组织是否重视其贡献的感受及组织是否关注其幸福感的感受。本研究从接待业企业是否尊重员工的意见和贡献、感谢员工的额外工作、关心员工的福利、改善员工的工作条件、满足员工的要求、为员工提供必要帮助等方面测量组织支持，主要借鉴谢礼珊（2004）等设计的量表来测量。

（4）员工满意度（ES）。指员工对自己工作的满意程度，对它的测量主要从员工对同事、管理者、工作职位、工作报酬等几方面进行（吴清津等，2004）。

（5）员工留职意愿（STA）。指员工对组织的信赖程度与保持组织成员身份的愿望。本书对留职意愿的测量，借鉴了 Aryee、Budhwar 和 Chen（2000）所设计的量表。该量表包含 3 个项目，如"我经常考虑要离开本公司"、"在未来一年里，我很有可能寻找一份新的工作"等。

（6）组织公民行为（OCB）。前面已经讨论过该概念，对它的测量，采用中山大学吴清津等（2004）的量表，用员工的利他行为、员工自愿的公益活动、员工帮助同事的利他行为、员工积极参加企业活动的公民美德行为，以及员工与同事保持和谐的人际关系等项目衡量员工的该行为。

（7）员工缺勤行为（AB）。指员工不到岗工作的行为，它分为主动缺勤与被动缺勤。被动缺勤是指不可避免的无法工作的行为，例如由于身体或心理的疾病、家庭事故、突发事件等，这种行为是员工非意愿行为。主动缺勤则是指故意寻找原因逃避工作的行为。本研究使用 Avey 与 Patera（2006）等编制的量表来测量该行为。

3.2.2　计量尺度

本研究所有变量均使用李科特（Likert）7 点定距尺度（Interval Scale）计量。各变量测量量表如下。

表 3-4　计量尺度来源

变量	问题项目	计量尺度来源	备注
心理资本（PsyCap）	Q1-23	本文研究成果及 Luthans（2006）量表	
心理契约违背（PCB）	Q24-29	Robinson 和 Morrison（2000）	文字作了修改
组织支持（POS）	Q30-35	谢礼珊等（2004）	
员工满意（ES）	Q36-40	吴清津等（2004）	
留职意愿（STA）	Q41-43	Aryee，Budhwar 和 Chen（2000）	文字作了修改
组织公民行为（OCB）	Q44-51	吴清津等（2004）	
缺勤情况（AB）	Q52-53	Avey 和 Patera（2006）	

3.3　调查样本概况

本研究正式样本分为三类：第一类是关于心理资本结构的调查样本（最先进行调查）；第二类是关于心理资本影响因素的调查样本；第三类是关于概念模型的调查样本（最后进行调查）。由于每一类样本的调查问题较多，因此没有把它们合并为一个调查表，否则很难保证调查的客观真实性。调查于 2007 年 1 月开始，2007 年 9 月完成，主要调查地点在我国的中部（武汉）和西部（重庆）两地展开。调查对象主要为中等档次的酒店业、餐饮业（包括快餐店）、旅行社中的普通员工，调查正式有效样本近2000 份。除了留置问卷调查以外，还进行了专家访谈与员工座谈，这样在一定程度上提高了调查的可信度。此外，为了使研究成果具有普遍性，针对第一、第三类样本，各随机抽取了 2 个样本。第一类样本抽取了探索样本（用于探索性因子分析）与验证样本（用于验证性因子分析）；第三类样本抽取了检验样本（用来检验模型的正确性及修正模型的适用性）和核实样本（用来验证结论的普遍性）。调查样本概况见表 3-5，调查样本的统计分析在以后相关章节中进行。

表 3-5　本研究正式调查样本概况

样本类别	第一类样本 （心理资本结构研究）		第二类样本 （心理资本影响研究）	第三类样本 （概念模型研究）	
具体样本	探索样本	验证样本		检验样本	核实样本
调查时间	2007.1	2007.4	2007.5	2007.7	2007.7
调查地区	重庆	武汉	重庆和武汉	武汉	重庆
发放问卷数（份）	272	420	430	520	860
回收有效问卷（份）	214	322	356	408	680
回收率（%）	79	77	83	78	79
专家访谈次数	2	1	3	1	2
员工座谈次数	1	2	1	2	3

注：为了尊重调查单位的意愿，这里没有注明具体单位名称。

3.4 研究工具——结构方程模型简介

3.4.1 结构方程模型概念

结构方程模型（Structural Equation Model，SEM）及其软件 LISREL 成为近年来一种十分重要的数据分析方法。国内外一些重要的社会、教育、心理期刊，都曾专门介绍过这种研究工具。研究和应用结构方程的实证性论文更是难以计数。简单地讲，结构方程模型是基于变量的协方差矩阵来分析变量之间关系的一种统计方法，所以也称为协方差结构分析。与 SEM 紧密结合在一起的是 LISREL（Linear Structural RELationship）软件。LISERL 有两种含义，除了表示一种 SEM 分析软件外，还表示线性结构方程模型。在社会学及心理学研究中涉及的许多变量，有时都不能直接地测量，这种变量称为潜变量（Latent Variable），如员工满意度、组织支持、心理授权等。于是就使用一些测量指标（Observable Indicators）间接测量这些潜变量。例如，以工作满意、薪酬满意、管理满意等作为员工满意度（潜变量）的测量指标。传统的统计分析方法（如多元回归）不能妥善处理这些潜变量，而结构方程模型则能同时处理多个潜变量及其指标。在这个意义上，SEM 是一种应用面很广的数学模型，可用于分析一些涉及潜变量的复杂关系。许多传统方法（如回归分析、方差分析）虽然容许因变量包含测量误差，但需要假设自变量是没有误差的，这种要求有时无法实现。由于 SEM 可以处理这类问题，所以越来越多地受到研究者的青睐（侯杰泰、温忠麟、成子娟，2004）。

3.4.2 结构方程模型的构成

结构方程模型可分为测量模型（Measurement Equation）和结构模型（Structural Equation）两部分。测量模型描述潜变量与测量指标（有时也称项目）之间关系，如员工满意度的指标与员工满意度的关系。结构模型则描述潜变量（如员工满意度与组织支持）之间的关系。测量指标含有随机误差和系统误差，前者指测量上的不准性行为（与传统测量误差相当），后者反映指标也同时测量潜变量（即因子）以外的特征（与因子分析中的特殊因子相当）。这两种误差统称为测量误差或简称误差，而潜变量则不含这些误差（Joreskog & Sorbom，1993）。

3.4.2.1 测量模型

测量模型是使用测量指标来反映潜在变量的模型。测量指标与潜变量间的关系，通常写成如下测量方程：

$$x = \lambda_x \xi + \delta;\ y = \lambda_y \eta + \varepsilon\ (E[\delta] = E[\varepsilon] = 0)$$

这里的测量指标分为两种：一种是外生（Exogenous）指标（用 x 表示），用来测量外生潜变量（ξ）；另一种是内生（Endogenous）指标（用 y 表示），用来测量内生潜变量（η）。δ 是外生指标 x 的测量误差、ε 是内生指标 y 的测量误差，这两种误差间不相关。外生指标与外生潜变量之间的关系就是外生指标在外生潜变量上的因子负荷矩阵（用 Λ_x 表示）。内生指标与内生潜变量之间的关系就是内生指标在内生潜变量上的因子负荷矩阵（用 Λ_y 表示）。

3.4.2.2 构模型

结构模型又称为潜在变量模型，或线性结构关系，它是建立潜在变量之间关系的模型。对于潜变量间（如员工满意度与组织支持）的关系，通常写成如下结构方程：

$$E[\eta|\eta,\ \xi] = B\eta + \Gamma\xi + \zeta\ (E[\zeta] = 0)$$

这里的潜变量分为两种，一种是内生潜变量（η），另一种是外生潜变量（ξ）。内生潜变量之间的关系用 B 矩阵表示，外生潜变量对内生潜变量的影响用 Γ 矩阵表示。结构方程模型中的残差项（ζ），反映了潜在变量在方程中未能被解释的部分。

测量模型与结构模型结合在一起，总称结构方程模型，但是结构模型通常是研究的重点。

3.4.3 结构方程模型分析步骤

本书使用 SEM 进行实证研究，分析步骤如下（见图 3-3）。

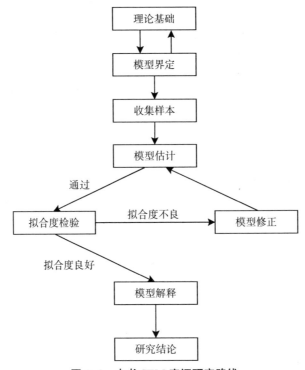

图 3-3 本书 SEM 实证研究路线

3.4.4 结构方程的统计原理与拟合优度指数

3.4.4.1 SEM 统计原理

由于潜变量指标向量 X 在样本总体中的真正协方差矩阵（$\sum(\theta)$）是无法知道的，只知道样本的协方差矩阵（S），所以要通过一些参数（θ）和假设模型推导出的总体协方差矩阵（$\sum(\theta)$）与样本的协方差矩阵（S）之间的差距尽可能的小。那么就需要定义一个函数来描述这两者之间的差异，这就是拟合函数，记为 F（S，$\sum(\theta)$）。求出一些参数（θ），使该函数值最小。在 SEM 中，最常用的对该函数进行估计的方法是最大似然估计（Maximum Likeihook，ML）。

用 ML 估计出的拟合函数 F_{ML} 为：

$$F_{ML} = tr[S\sum{}^{-1}(\theta)] + \log|\sum(\theta)| - \log|S| - p$$

式中，tr（A）表示矩阵 A 的迹（trace），log|A|表示矩阵 A 的行列式对数，S 与 $\sum(\theta)$ 都假定是正定矩阵，否则不能求解。F_{ML} 是由极大似然函数的对数演变来的，因此要求指标向量 X 服从多元正态分布（也就是说，如果调查数据违反多元正态分布，在做 SEM 拟合函数前，必须使用 PRELIS2 对数据进行正态转化），使得 F_{ML} 达到最小值的估计θ̂称为最大似然估计，它有很多优良的性质。如无偏性、一致性、渐近有效性等。这些性质使 ML 估计成为 SEM 最常用的估计方法。

3.4.4.2 SEM 常用的拟合指数

SEM 常用的拟合指数分三类，第一类是绝对拟合指数；第二类是相对拟合指数；第三类是简约拟合指数。

绝对拟合指数，衡量所设计的理论模型与样本数据的拟合程度，它只涉及理论模型本身，没有与别的模型比较。具体包括以下几种指标：

（1）卡方（Minimum Fit of Function Chi-square）。最大似然估计（ML）能对假设的模型进行整体检验。整体检验不限于个别参数的检验，参数检验的原假设是参数为 0，整体模型检验的原假设是 $H_0: \Sigma = \Sigma(\theta)$，检验统计量是 $C = (N-1) \min (F_{ML})$，它的渐近分布是自由度为 $p(p+1)/(2-t)$ 的 χ^2 分布，N 是样本大小，$\min(F_{ML})$ 是拟合函数最小值，t 是自由参数个数。这个统计量被称为 χ^2，它是一个重要的拟合指数。它的最小值为 0，无上限，卡方值越小模型越好。一个模型的 χ^2 值如果是显著的（在 0.01 或 0.05 的水平下），就说明模型不能接受。

（2）自由度（Degree of Freedom，DF）。自由度越小，表示模型可以自由估计的参数越多，模型越复杂。

（3）χ^2/df。χ^2 检验受很多因素影响，其中模型自由度及正态分布对它的影响最大，例如，在模型自由度较小时，χ^2 检验不容易拒绝一个对数据拟合不好的模型，为了消除这种影响，学者们提出了 χ^2/df 检验。一般认为当 $\chi^2/df < 3$ 时模型拟合较好。

（4）近似误差均方根（Root Mean Square Error of Approximation，RMSEA）。Steiger 和 Lind（1980）将 RMSEA 定义为：

$$RMSEA = \{\max [(\chi^2 - df)/(N-1), 0] / df\}^{1/2}$$

RMSEA 受样本容量影响较小，是众多指数中比较好的拟合指数，当 RMSEA < 0.05 时，便认为是比较好的拟合了。

（5）标准化残差均方根（Standard Root Mean Square Residual，SRMSR）。SRMSR 是基于残差的指数，它的定义是：

$$SRMSR = \left\{ \frac{2 \sum_{i=1}^{p} \sum_{j=1}^{i} (s_{ij} - \hat{\sigma}_{ij})^2 / (s_{ii} s_{jj})}{p(p+1)} \right\}^{1/2}$$

SRMSR 的取值范围是 0~1，当它小于 0.08 时，拟合较好。

（6）拟合优度指数（Goodness of Fit Index，GFI）。GFI 定义是：

$$GFI = 1 - \frac{tr[(E^{-1}S - I)^2]}{tr[(E^{-1}S)^2]}$$

其中 S 和 E 分别是样本协方差矩阵和再生协方差矩阵，I 是单位阵。

GFI 的取值在 0~1 之间，最小可接受值是 0.8，越大越好。

第二类拟合指数是相对拟合指数，也就是拟合得最差的模型是虚无模型，其中所有指标假设不相关，具体包括以下几种指数：

（1）规范拟合指数（Normed Fit Index，NFI）。拟合虚无模型的卡方值比任何其他模型的值都要大，相对这个值，假设模型的卡方值减少的部分占了多大的比例就是 NFI（Nentler & Bonett，1980），其定义是：

$$NFI = (\chi_N^2 - \chi_T^2)/\chi_N^2$$

其中 χ_N^2 和 χ_T^2 分别是虚无模型与假设模型的卡方值。该指数受样本的影响较大，所以 Bentler（1990）又引入了非规范拟合指数 NNFI 与比较拟合指数 CFI。

（2）非规范拟合指数（Non-Normed Fit Index，NNFI）。NNFI 的定义是：

$$NNFI = \frac{\chi_N^2 \mid df_N - \chi_T^2 \mid df_T}{\chi_N^2/df_N - 1}$$

一般认为，NNFI 超过 0.9 的模型是较好的。

（3）比较拟合指数（Compare Fit Index，CFI）。CFI 的定义是：

$$CFI = 1 - \frac{\max\left[(\chi_T^2 - df_T),\ 0\right]}{\max\left[(\chi_T^2 - df_T),\ (\chi_N^2 - df_N),\ 0\right]}$$

CFI > 0.9 认为模型是可以接受的。但是它不惩罚复杂的模型，为此专家又提出以下第三类指数。

第三类拟合指数是简约拟合指数，也就是达到相同的拟合程度，而自由度最大时的模型会受到青睐，检验这个指标的就是简约拟合指数，值越大表示模型简约性越好。简约指数包括以下几种：

（1）简约规范拟合指数（Parsimonious Normed Fit Index，PNFI）。PNFI 的定义为：

$$PNFI = \frac{df_T}{df_N} \times NFI$$

一般而言，PNFI > 0.5 为模型能接受的最低标准。

（2）简约良性拟合指数（Parsimonious Goodness Fit Index，PGFI）。
PGFI 的定义为：

$$PGFI = \frac{df_T}{\frac{1}{2}P(P+1)} \times GFI$$

P 是观察项目的数目，其他字母的含义同上。PGFI 越大越好，0.5 为模型能接受的最低标准。现将以上所有指数总结如下（见表3-6）。

表3-6 SEM 常用拟合指数

拟合指数	指标	性质	最小（或最大）可接受值
绝对拟合指数	χ^2	越小越好	
	DF	越大越好	
	χ^2/df	越小越好	3
	SRMSR	越小越好	0.08
	RMSEA	越小越好	0.05
	GFI	越大越好	0.8
相对拟合指数	NFI	越大越好	0.9
	NNFI	越大越好	0.9
	CFI	越大越好	0.9
简约拟合指数	PNFI	越大越好	0.5
	PGFI	越大越好	0.5

3.5 本章小结

根据相关理论，本章提出 22 个假设及其立论依据，然后把这些假设概念转化为可以操作与测量的变量，并根据变量量表进行样本调查与数据收集，这些假设能否得到数据的支持是下文的研究重点。为了对以上假设进行检验就要使用本书的主要研究工具——结构方程模型（SEM）；另一种研究工具——人工神经网络（ANN）主要用在心理资本的影响因素研究中，第4章将进行具体介绍。

4 心理资本结构及其影响因素研究

有了研究工具以及相关假设后，接下来探讨心理资本的结构维度问题。

4.1 心理资本结构研究

4.1.1 心理资本结构研究程序

心理资本维度的确定是心理资本研究的首要问题（Luthans，2004）。本研究在已有文献的基础上，以中国接待业员工为对象，经访谈、座谈、开放式问卷调查、预测等程序编制问卷，通过总体中两个样本（探索性样本和验证性样本）的调查，用探索性因素分析和验证性因素分析对心理资本结构等相关问题进行实证研究。具体研究框架见图4-1。

4.1.2 心理资本预测量表设计与数据收集

根据第2章对心理资本（PsyCap）概念的探讨，首先从自信、希望、乐观与坚韧四个方面收集测量项目，收集的项目必须满足以下条件：具有表面效度与内容效度，具有状态性，且与工作环境相关，并满足PsyCap

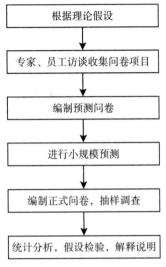

图4-1　心理资本结构研究框架

相关标准。项目收集主要通过以下三种方法获得：

（1）收集国外相关问卷。主要借鉴心理学或组织行为关于四个概念的测量项目，特别是 Snyder（1996，2000，2002）关于希望，Luthans（2005，2006，2007）与 Bandura（2000，2003，1998）关于自信，Peterson（2000）、Luthans（2002）与 Snyder（2002）关于乐观，Masten（2001，2002）与 Fredrickson（2002，2004）关于坚韧编制的积极心理状态量表。

（2）专家访谈与员工座谈。与研究机构中的人力资源专家和接待企业里的人力资源经理、员工代表座谈，收集专家对积极心理状态的看法，特别强调这种心理状态是可以开发的，并对工作行为有影响的员工个人心理能力，并请他们列举出能反映这些积极心理状态的项目。

（3）开放式问卷调查。为了了解个人对 PsyCap 的理解，在 MBA 学生中进行了开放式问卷调查，主要内容是请同学们列举出个人所具有的能够开发并对企业绩效产生影响的积极心理状态。

根据 Luthans 心理资本标准，对以上资料进行整理，初步筛选出心理资本测量的 39 个项目（Q1~Q39），放在四个维度中。利用这 39 个项目设计问卷在 MBA 学员中进行小规模预测，检验问题项目是否合适，问题回答困难程度及所需时间。在此基础上修订相关问题（如调查表的语言表述、清晰程度等），并形成 PsyCap 预测量表，然后在接待业进行第一类样本第一个预测样本（也就是探索性样本）的调查。调查表采用 7 刻度量表，形成从完全不同意（1 刻度）到完全同意（7 刻度）的连续关系。共发放问卷 272 份，回收有效问卷 214 份，回收率为 79%，该样本的人口统计因素见表 4-3。

4.1.3 心理资本结构的探索性因子分析

探索性因子分析就是对 PsyCap 结构进行初步的试探性分析。根据四维度结构的设想，利用第一个预测样本计算测量项目在各自潜变量上的负荷，具体结果见图 4-2 与表 4-1。

根据因子负荷大小，去掉在相应维度上负荷较低（小于 0.4）的测量项目（Q1、Q2、Q3、Q11、Q16、Q18、Q19、Q24、Q26、Q27、Q28、Q30、Q31、Q37、Q38、Q39），最后量表保留了 23 个项目。在此基础上使用 LISREL 对修正后问卷的结构效度进行检验，结果见表 4-2 与图 4-3。

如前所述，本研究选用 χ^2/df、RMSEA、SRMSR、GFI、CFI、NNFI 和 PNFI 作为评价标准。一般认为，χ^2/df 小于 3，模型与观测数据拟合较好，模型较好。由于 χ^2 易受样本容量的影响，因此近年来多采用 RMSEA、SRMSR 等稳定性指标。RMSEA 和 SRMSR 取值范围在 0 和 1 之间，越接近 0，模型与观测数据拟合得越好。GFI、CFI、NNFI 的取值范围在 0 至 1 之间，越接近 1，模型与观测数据拟合得越好，大于 0.80，模型与观测数据较好拟合。PNFI 为模型省俭性指标，其值越大，模型简约性越好、可解释性越强。以上拟合指数说明，修正后的模型拟合指数都比修正前要好，所以说，心理资本预设模型初步得到数据支持，另外，本书还对四因子的 23 个指标作了直接斜交旋转（Direct Oblimin），以探明该结构是

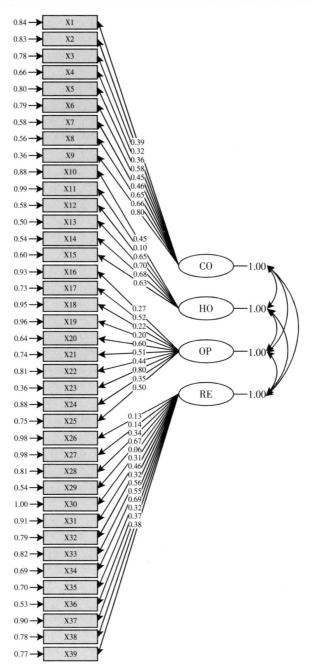

Chi-square = 2033.70，df = 696，P-vallue = 0.00000，RMSEA = 0.077

图 4-2 探索样本 PsyCap 维度因子路径（修正前的模型）

注：CO：自信；HO：希望；OP：乐观；RE：坚韧（下同）。

表 4-1 探索样本各项目在心理资本维度因子上的载荷

项目号	因子 1（CO）	因子 2（HO）	因子 3（OP）	因子 4（RE）
Q1	0.39			
Q2	0.32			
Q3	0.36			
Q4	0.58			
Q5	0.45			
Q6	0.46			
Q7	0.65			
Q8	0.66			
Q9	0.80			
Q10		0.45		
Q11		0.10		
Q12		0.65		
Q13		0.70		
Q14		0.68		
Q15		0.63		
Q16			0.27	
Q17			0.52	
Q18			0.22	
Q19			0.20	
Q20			0.60	
Q21			0.51	
Q22			0.44	
Q23			0.80	
Q24			0.35	
Q25			0.50	
Q26				0.13
Q27				0.14
Q28				0.34
Q29				0.67
Q30				0.06
Q31				0.31
Q32				0.49
Q33				0.82
Q34				0.56
Q35				0.59
Q36				0.69
Q37				0.32
Q38				0.37
Q39				0.38

表 4-2　模型修正前后的心理资本预测模型拟合指数

拟合指数	χ^2	df	χ^2/df	RMSEA	SRMSR	GFI	CFI	NNFI	PNFI
四维模型（修正前）	2033.7	696	2.92	0.077	0.09	0.90	0.82	0.86	0.73
四维模型（修正后）	642.72	224	2.86	0.076	0.06	0.92	0.91	0.93	0.79

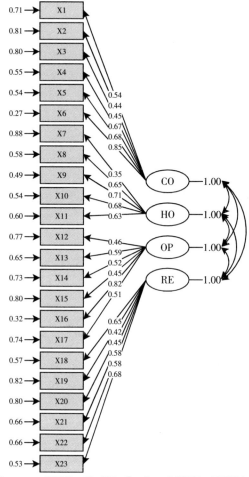

Chi-square = 642.72，df = 224，P-value = 0.00000，RMSEA = 0.076

图 4-3　修正后的心理资本预测模型路径

否还存在二级因子（凌文辁等，2004），结果表明，该量表可能存在二级高阶因子。

从修正后的 PsyCap 预测模型路径图可以看出，修正后的测量问卷的拟合优度好于修正前的测量表。除了希望的一个测量项目载荷小于 0.4 以外，其他各载荷系数都大于 0.44，这说明各测量项目具有区分效度。利用这些测量项目形成第一类样本中第二个正式样本（验证样本）的问卷项目，然后再进行调查，目的是进行 PsyCap 结构的验证性因子分析。

4.2　心理资本结构研究结论

第 3 章提出了关于 PsyCap 结构的两个假设（H1 和 H2）。它们都是初步的推断，没有得到中国文化背景下样本的实证验证。以下就使用验证性因子分析来检验假设。

4.2.1　验证性因子分析

使用以上 23 个指标（V1~V23）的心理资本量表在服务行业进行第二个正式样本（验证样本）调查，利用该样本数据验证两个假设。样本的人口统计特征见表 4-3。

为了检验四维度模型（M1）可靠性，本书还提出了几个竞争模型：M2：单维模型（把四维度的所有项目组合起来构成一个维度）；M3：三维模型（四维模型中的自信与希望合并为一个维度，其他两个维度不变）；M4：三维模型（四维模型中的自信与坚韧合并为一个维度，其他两个维度不变）；M5：三维模型（四维模型中的希望与坚韧合并为一个维度，其他两个维度不变），用 M1 与其他 4 个模型进行比较，来判断哪一个模型最佳。五个模型的拟合结果见表4-4。

表4-3 探索样本与验证样本人口统计特征

样本类别		探索样本 (214)		验证样本 (322)	
人口统计因素		人数	百分率（%）	人数	百分率（%）
性别	男	124	57.94	183	56.80
	女	90	42.06	139	43.20
年龄	20岁以下	5	2.34	6	1.86
	21~25岁	57	26.64	83	25.78
	26~35岁	78	36.45	121	37.58
	36~49岁	59	27.57	93	28.88
	50~60岁	11	5.14	16	4.97
	60岁以上	4	1.87	3	0.93
在本单位工作时间	6个月以下	32	14.95	52	16.15
	6个月~1年	80	37.38	118	36.65
	1~2年	61	28.50	95	29.50
	2~4年	26	12.15	36	11.18
	4~10年	15	7.01	21	6.52
	10年以上	0	0	0	0.00
月收入	600元以下	7	3.27	10	3.11
	601~1000元	58	27.10	81	25.16
	1001~1500元	79	36.92	119	36.96
	1501~2000元	42	19.63	63	19.57
	2001~3000元	27	12.62	48	14.91
	3000元以上	1	0.47	1	0.31
受教育程度	中专、高中以下	13	6.07	18	5.59
	中专、高中	32	14.95	55	17.08
	大专	67	31.31	100	31.06
	大学本科	91	42.52	132	41
	研究生及以上	11	5.14	17	5.28

表4-4 心理资本模型拟合指数比较

	χ^2	df	χ^2/df	RMSEA	SRMSR	GFI	CFI	NNFI	PNFI
M1：四维度模型	642.72	224	2.87	0.047	0.003	0.94	0.94	0.93	0.81
M2：单维模型	593.11	252	2.35	0.116	0.183	0.67	0.91	0.90	0.78
M3：三维模型（自信+希望）	463.42	249	1.86	0.092	0.099	0.72	0.94	0.93	0.80

续表

	χ^2	df	χ^2/df	RMSEA	SRMSR	GFI	CFI	NNFI	PNFI
M4：三维模型（自信＋坚韧）	545.01	249	2.19	0.109	0.010	0.69	0.92	0.91	0.78
M5：三维模型（希望＋坚韧）	534.14	249	2.15	0.103	0.132	0.70	0.93	0.92	0.79

从表 4-4 可以看出，在几个竞争模型中，M1 的拟合指数除了 df、χ^2/df 两个指标比其他四个模型稍差（也达到了标准），其他指数都优于另外四个模型，所以，总体讲四维度模型最佳。

下面是量表的信度与效度计算结果（见表 4-5）。

表 4-5 心理资本结构验证问卷的同质信度（Cronbachα）、分半信度

问卷信度	总量表	希望	乐观	坚韧	自信
同质信度	0.91	0.87	0.77	0.86	0.79
分半信度	0.80	0. 84	0.81	0.83	0.87

从表 4-5 可以看出，验证样本问卷总量表及各分量表的同质信度在 0.77~0.91 之间，分半信度为 0.80~0.87，均大于 0.70。这说明，问卷的信度较好。另外，心理资本分为希望、乐观、坚韧、自信四因素的结构清晰，项目的因素负荷均大于 0.50，总方差解释率均大于 70%，每一因素项目含义清楚、可解释性强。验证性样本分析结果还表明，自信、希望、乐观、坚韧四个变量有较高的聚合效度（Convergent Validity）与区分效度（Discriminant Validity）。23 个变量指标在潜变量上的因子负荷显著，表明自信、希望、乐观、坚韧是不同概念，问卷的结构效度较好。

通过验证性分析证明 PsyCap 四维度模型具有较稳定的结构，即心理资本由自信、希望、乐观、坚韧四个维度构成。那么，进一步讲，四个维度是简单相关还是属于一个高阶二级因子（High Order Factor）——心理资本呢？要验证几个一阶因子是否同属于一个二阶因子，首先要求一阶因子间有较强的相关关系，才有建立二阶因子的必要（侯杰泰等，

2004）；其次，要检验二阶因子与一阶因子的关系，只有较强的关系（二阶因子负荷较大），才能支持二阶因子存在的可能。

表 4-6 PsyCap 维度四因子相关系数（验证性样本）

	CO	HO	OP	RE
CO	1			
HO	0.86（**）	1		
OP	0.77（**）	0.76（**）	1	
RE	0.61（*）	0.73（*）	0.72（*）	1

注：** 表示在 0.01 水平，* 表示在 0.05 水平上是显著的（2-tailed），代码同图 4.2。

从表 4-6 可知，PsyCap 四因子相关系数较大，都达到显著水平。当一阶因子的相关关系大致相同，则二阶因子应该能够充分表达一阶因子间的关系，也就是说，有一个共同的二阶因子对四个一阶因子起共同作用，因此，有必要对 PsyCap 四个维度进行高阶因子拟合。拟合指数及路径见表 4-7 及图 4-4。

表 4-7 PsyCap 二阶因子模型拟合指数

PsyCap 维度	χ^2	df	χ^2/df	RMSEA	SRMSR	GFI	CFI	NFI	PNFI
简单相关	642.72	224	2.87	0.076	0.081	0.74	0.94	0.91	0.79
二阶因子	643.24	226	2.84	0.076	0.010	0.93	0.94	0.92	0.80

从表 4-7 及图 4-4 可以看出，二阶因子在一阶因子上负荷都很大，大于 0.5，二阶因子拟合度高，并且二阶因子的拟合指数略优于一阶模型。例如，虽然二阶因子的 χ^2 值大于一阶因子 0.52，但是却增加了 2 个自由度，按照模型简约原则，取二阶因子模型。因此，第一假设（H1）得到了验证，即在中国文化环境中，员工 PsyCap 由自信、希望、乐观与坚韧构成，而且四维度属于二阶因子——心理资本。

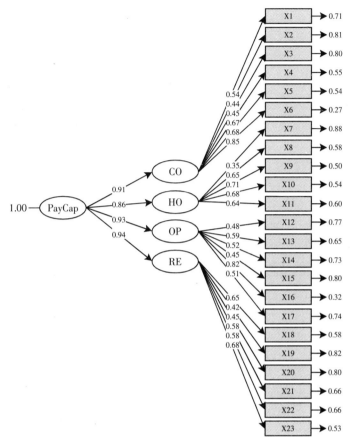

Chi-square = 643.24，df = 226，P-value = 0.00000，RMSEA = 0.076

图 4-4　PsyCap 二阶因子路径

4.2.2　心理资本四维度之间的因果关系

根据第 2 章关于心理资本结构假设，PsyCap 四维度之间有如图 4-5 所示的因果关系，这种关系能得到数据的支持吗？使用验证样本在 LISREL 的帮助下求出模型的拟合指数。整体模型的拟合指数及因子间标准化系数见表 4-8 和图 4-6。

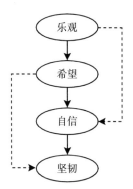

图 4-5　PsyCap 四维度假设因果图

表 4-8　心理资本维度关系模型拟合指数

χ^2	df	χ^2/df	RMSEA	SRMSR	GFI	CFI	NNFI	PNFI
649.05	225	2.88	0.037	0.028	0.94	0.94	0.93	0.89

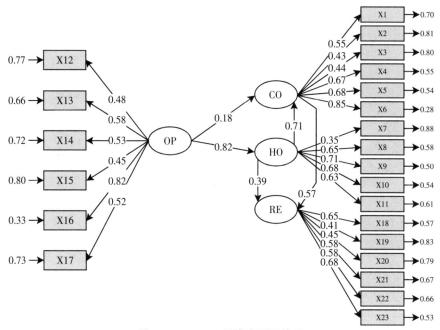

图 4-6　PsyCap 四维度因果关系

从图 4-6 及表 4-8 可以看出，模型的拟合较好，说明四个维度之间具有一定的因果关系。但是，在假设 2（H2）中，乐观（OP）直接影响自信（CO）的假设没有得到数据支持（标准化系数为 0.18，T = 1.75），其他的假设得到了证实。这说明乐观并不一定直接产生自信，但是，乐观却通过希望对自信产生间接影响。所以说，假设 2 的部分内容得到了验证。

4.3　心理资本结构解释

4.3.1　心理资本结构测量的差异性

本书研究表明，PsyCap 四个维度——自信、希望、乐观、坚韧的测量由 23 个项目组成，这与 Luthans（2007）关于心理资本的测量量表有一定相同之处，也有不同之处。相同之处表现在，关于自信、乐观、坚韧的测量基本相同；不同之处是关于希望的测量，不仅测量项目不同，而且中外对希望的理解也有差异。在本研究中，"希望"被多数员工理解为一种意志品质，而在 Luthans（2007）的量表中，希望不仅是一种意志品质，而且是一种解决困难的途径与动机的表现，希望范围要比我国员工理解的宽泛。这样，本研究关于心理资本的量表不仅内容与国外不同，而且测量项目也不尽相同，这也说明了中国文化特点之所在。

4.3.2　心理资本结构内涵分析

探索性因素分析和验证性因子分析结果显示，心理资本由自信、希望、乐观、坚韧四个维度构成，四维度内涵请参考第 2 章表 2-2。此外，

PsyCap 四维度之间有一些微妙的区别。比如，自信与希望有相似之处，两者在一定程度上都与个体依赖实现目标的自身能力有关。区别主要体现在两个方面：第一，希望是面向未来的，而自信则是与现在或将来的挑战相伴表现出来的；第二，希望是来自个体自身内部的因素，而自信则是针对一个挑战所表现出的镇定，它可能是内部因素，也可能是外部激发出的因素。同样，自信与乐观看起来也相似，乐观的人很可能对好的结果充满信心，但自信描述的是当挑战出现时个体一种敢于作为的意愿，而乐观只是与将来相联系的一种积极归因，即认为好的结果是普通的、稳定的。坚韧与以上三个维度的区别比较明显，主要指适应或应付过去与现在困境的能力。一个坚韧的人不一定乐观，但一定能坚持；不一定充满希望，但能坚持对积极未来的渴望（Bandura，1997；Luthans & Jensen，2002；Luthans et al.，2007；Snyder，2000，2002）。总体而言，无论是概念还是前期描述性研究成果都表明，以上四个维度同属一个高阶因子——心理资本，这种假设也得到了数据的支持。

在 PsyCap 四维度因果关系中，Bandura（1997）指出，那些自信水平高的员工面对挫折将更加坚强；Snyder（2000）研究发现，充满希望的员工从事工作会更加自信，而且能从挫败中迅速恢复过来。这些国外的研究成果也支持了本文的研究结论。此外，Luthans 等（2005）对中国员工的实证研究表明，自信、乐观、坚韧每一个因子都与员工绩效相关，然而，它们的组合（PsyCap——显示了它们之间的协同机理）对员工绩效有更大影响。也就是说，PsyCap 整体可能比它的单个维度对员工的态度与行为影响更大，这个论题将在后面的章节中进行探讨。

4.3.3 心理资本维度的扩展

目前，学者们普遍认为心理资本由四个维度构成。但是，随着积极心理学和积极组织行为学研究的进展，心理资本还可能增加新的维度。

学者们认为增加维度一定要符合某些标准。其中，最重要的就是 Luthans 和 Youssef（2006）指出的，PsyCap 维度要具有区分效度、积极性、可测量性、可开发性、有影响力之外，还必须是无法模仿、能施加干预的。而且它还要对整体心理资本概念的发展有所贡献。根据以上标准，随着研究的深入，将还有一些积极心理状态可能被纳入心理资本的范畴，认知与情感导向的积极能力（如创造力、智慧、幸福感、信任等）与社会导向的积极能力（如感恩、宽恕和情绪智力）都可能成为 PsyCap 的维度。Page 和 Bonohue（2004）认为，"信任"最有可能成为 PsyCap 的新维度。表 4-9 对此进行了描述性分析。

表 4-9　"信任"作为心理资本维度的描述

心理资本的标准	标准的描述	对信任的评价
积极特征	必须具有积极性，定义明确	信任是概念明显的心理潜能
状态性	状态性而不是特质性	一般来说，信任是可变化的，不是固定的，它与期望、认知与积极反馈紧密相连
可测量性	具有测量效度	测量信任的方法已被学者们开发出来（Erdem，2003）
可开发性	在工作场所能够被开发出来	通过干预能对其进行开发，例如，通过合适的领导行为
无法模仿	具有独特性，是竞争优势的潜在资源，无法模仿	在人际交往中，信任是完全无法模仿的，一个充满信任的环境对组织来说能产生显著的竞争优势
区分效度	不同于已有心理资本维度，对整体心理资本有贡献	信任与其他概念具有较高的区分效度
对工作绩效的影响	具有明确与显著地对工作绩效的影响	得到了初步的证实（Erdem，2003；Morrow，2004）

资料来源：Page 和 Bonohue（2004）。

目前，信任、感激或其他积极心理潜能虽然符合 PsyCap 大部分标准，但是还没有深入的研究证明它与绩效的正相关性，所以没有纳入心理资本的范畴，但随着研究的深入，像"信任"这样的一些积极心理潜能很有可能成为心理资本的新维度，这也是 PsyCap 未来的一个研究方向。

4.4 基于人工神经网络的心理资本影响因素研究

以上探讨了心理资本结构，那么影响心理资本的因素有哪些呢？目前有关心理资本影响因素的研究很少。王雁飞、朱瑜（2007）给出了其中原因：

（1）心理资本研究正处于起步阶段，研究者关注的主要是心理资本的结构和影响效应。

（2）影响心理资本的因素非常多，这些因素不仅包括个体自身的生理与心理特征，而且包括环境方面的影响因素，如家庭、同辈群体、组织、社区，甚至是亚文化或整体文化环境，这些影响因素不仅内容差异较大，而且对 PsyCap 的影响程度也不相同，因此研究起来难度较大。本书根据积极心理学的研究成果（Seligman，2002），应用人工神经网络（Artificial Neural Network，ANN），从经济、组织、家庭、生理、心理等方面定性及实证研究 PsyCap 的影响因素及其影响程度。

4.4.1 影响心理资本的因素

4.4.1.1 经济因素

心理学家认为，PsyCap 是个人心理的潜能，经济因素对它的影响不是特别大。明显的表现就是富有的人不一定乐观和坚强，相反一个 PsyCap 水平高的人往往有较好的个人前景。Myers（2000）在分析人均收入与快乐幸福的关系时发现，虽然收入对个人的幸福感有一定影响，但是当人均收入超过 8000 美元时，它们之间的关系就消失了。也就是说金钱与 PsyCap 之间存在一个影响的阈值，在这个阈值之内，经济对诸如心理品质这样的 PsyCap 影响较大, 如果超过这个阈值, 经济因素的影响力就会降低。由于我国接待业员工收入水平普遍较低, 人均收入远低于 8000 美元, 因此, 经济收入对接待业员工 PsyCap 水平肯定有一定影响。

4.4.1.2 身心健康

一般情况下, 心理资本水平高的人往往身体健康, 这是因为与那些缺乏乐观、自信的人相比, PsyCap 水平高的人, 其免疫系统的工作也更为有效 (Kamen-Siegel et al., 1998), 更能确保人的身体健康。也就是说, 心理资本是通过人的免疫能力去影响个人的健康状况。马鲁塔 (Maruuta et al., 2000) 等的调查证明了这一点, 经过 40 年的调查发现, 乐观主义者的平均寿命要比悲观主义者平均高出 19%。那么反过来, 一个人的健康状况能否影响到他的心理资本水平? 积极心理学的研究证明, 良好的身体、平稳的心态有助于培养自信, 让个体充满希望和乐观地面对未来, 即健康水平能影响个体的 PsyCap 水平。所以, 本书也把身心健康作为影响心理资本的一个因素, 并从身体和心理两个方面来测量人的健康状况。

4.4.1.3 人际交往与组织因素

我们都生活在一定的组织或社区中, 每日都与他人产生各种交往。人际交往包括与同事和上级的交往, 也包括与家人、朋友的交往。良好的人际交往满足了个体被承认与接纳的心理需求, 使人变得活泼、热情、开朗而乐于助人。人际交往与组织关怀还能使个体得到情感性支持与工具性支持。所谓情感性支持, 是指个体被交往者认同、赞扬、欣赏与鼓励。这些情感性支持能使个体产生自信与希望; 而工具性支持是指个体从别人那里获得的物质或信息帮助。有了工具性支持, 当个体遇到问题或困难时, 不会感到孤单, 相反, 会变得更加坚强与充满希望。可见人际交往与组织支持会对个人的 PsyCap 水平产生积极影响, 其中 "组织支持" 对 PsyCap 的正向影响也是本研究概念模型中的一个假设, 原因就在于此。

4.4.1.4 家庭因素

家庭因素与人的成长紧密相关，是否与个人的 PsyCap 水平也相关呢？积极心理学者认为（Argyle，2002），良好的婚姻关系、家人及亲戚的和睦关系也可能影响一个人的主观幸福感，特别是在培养个体的坚韧与希望方面。家庭能产生一种归属感，而归属感需要的满足会使人产生满意或幸福的积极体验，从而对生活充满希望与信心。就像得到朋友与组织的支持一样，一个人拥有能随时得到支持与安慰的家庭，那么他就会变得更加乐观和自信。

4.4.1.5 社会及文化因素

随着研究的深入，积极心理学越来越重视不同社会文化对心理资本水平的影响。根据文化偏好的不同，文化模式可分为个人主义模式与集体主义模型（任俊，2006）。前者强调个体的独立、自主、自强、创新，它一般是西方文化的代表模型；后者把重点放在群体或社会上，强调人与人之间的和睦相处，提倡个人为集体利益作出牺牲，强调个人对集体的忠诚，东方文化属于这一类。Luthans（2004）指出，在一个崇尚个人主义的环境，大家更看重 PsyCap。虽然社会文化对 PsyCap 水平有一定影响，由于它很难量化，加之本书是在中国文化环境下进行研究，所以暂时没有测量它对员工 PsyCap 的影响。

根据以上分析，参考积极心理学家及心理资本研究者的成果和相关变量的成熟量表，本书收集了影响接待业员工 PsyCap 的 23 个项目，在项目收集时尽量根据接待业员工的特点设计问卷，例如，关于"组织支持"测量使用了情感支持、管理授权等项目；"人际交往"测量包含了员工与客人的沟通与互动；"经济因素"项目就使用了接待业的平均收入水平作为参照标准，等等（见下文中表 4-11）。

4.4.2　研究方法与研究路线

4.4.2.1　研究方法及其算法

PsyCap 表示个体的一种心理潜能，在性质上有其模糊性，它与影响因素之间的关系不可能是完全的线性关系，因此，本书探寻用 ANN 工具解决这个问题。

人工神经网络是近年来在测量潜变量及其影响因素研究方面已经开始使用的一种新工具。ANN 是基于神经科学研究的最新成果而发展起来的新兴边缘科学。它是以工程技术手段模拟人脑神经网络结构与功能特征的一种大规模并行的非线性动力系统，非线性处理能力正是 ANN 被广泛应用的原因之所在。目前，神经网络已经被广泛应用于管理学科研究之中。美国格拉斯哥大学商学院的研究者盟蒂恩侯（Moutinho，1996）运用神经网络对汽车消费者性别对其满意度和忠诚度的影响进行了研究；中山大学的岑成德教授（2005）利用该方法研究了服务属性对顾客满意度的影响；研究者格如夫德（Gronholdt，2005）与曾凤章（2005）还就同样数据分别利用 ANN 与回归分析方法进行比较分析，结果显示 ANN 在解决非线性问题上具有更大的优势。所以说，本书用 ANN 去模拟 PsyCap 与其影响因素之间的关系比较恰当。ANN 最大的特点是全新的联想学习能力与容错能力，代表性的神经网络有感知器（Perceptron）、多层前向传播网络（Multi-layer Forward Propagation）、反向传播网络（Back Propagation Network，简称 BP 网络）和霍普费尔德网络（Hopfield Network）等（Rumel-hart，1986）。误差反向传播算法（Error Back-Propagation，简称 BP 算法）是一种有导师的神经元网络学习算法，也是一种最常见的网络算法，其思想是：取一对学习模式（输入与输出），输入经由网络输入层、隐层、输出层逐层处理后得到一个输出，计算网络输入和期望输出的误差，再将误差由输出层、隐层、输入层的反向顺序传送，按照减小误差的方向逐层修改各层连接权重与阈值。重复上述迭代过程，直到每一对学习模式的输出误差都达到要求，即表明网络达到最优。实际上 BP 训练就是让 BP 网络通过认识大量的样本数据，产生逐渐记忆，从而达到将样本特征与样本结果联系起来的目的（Haykin，1999）。

以下说明 ANN 学习算法，首先介绍本研究的符号设定（参见下文中图 4-8）：企业员工样本集 $X = (X_1, X_2, \cdots, X_k, \cdots, X_K)$，$X_K = (x_{1k}, x_{2k}, \cdots, x_{nk}, \cdots, x_{Nk})^T$ 为样本集 X 中第 k 个样本员工的 N 项因子指标。输入层 N 的输入向量为 X_K。对于 X_K，隐层 G 的第 t 次迭代的输入向量 $U_k^G(t) = [u_{1k}^G(t), u_{2k}^G(t), \cdots, u_{gk}^G(t), \cdots, u_{Ck}^G(t)]^T$。隐层 G 的第 t 次迭代的输出向量 $V_k^G(t) = [v_{1k}^G(t), v_{2k}^G(t), \cdots, v_{gk}^G(t), \cdots, v_{Ck}^G(t)]^T$。输出层 M 的第 t 次迭代的输入向量 $U_k^M(t) = [u_{1k}^M(t), u_{2k}^M(t), \cdots, u_{mk}^M(t), \cdots, u_{Mk}^M(t)]^T$。输出层 M 的第 t 次迭代的输出向量 $V_k^M(t) = [v_{1k}^M(t), v_2^{kM}(t), \cdots, v_{mk}^M(t), \cdots, v_{Mk}^M(t)]^T = [y_{1k}(t), y_{2k}(t), \cdots, y_{mk}(t), \cdots, y_{Mk}(t)]^T = Y_k(t)$，即第 t 次迭代的实际输出。$D_k = (d_{1k}, d_{2k}, \cdots, d_{mk}, \cdots, d_{Mk})^T$ 为网络的期望输出。以上分别对应于各层各神经元的输入与输出。$w_{ng}(t)$ 为第 t 次迭代的 N 层神经元 n 至 G 层神经元 g 之间的权值，$w_{gm}(t)$ 为第 t 次迭代的 G 层神经元 g 至 M 层神经元 m 之间的权值。$\theta_g(t)$ 和 $\gamma_m(t)$ 分别为第 t 次迭代的 G 层神经元 g 和 M 层神经元 m 的阈值。其中：

$$W_{ng}(t) = \begin{bmatrix} w_{11}(t) & w_{12}(t) & \cdots & w_{1g}(t) \\ w_{21}(t) & w_{22}(t) & \cdots & w_{2g}(t) \\ \vdots & \vdots & \ddots & \vdots \\ w_{n1}(t) & w_{n2}(t) & \cdots & w_{ng}(t) \end{bmatrix}$$

$$W_{gm}(t) = \begin{bmatrix} w_{11}(t) & w_{12}(t) & \cdots & w_{1m}(t) \\ w_{21}(t) & w_{22}(t) & \cdots & w_{2m}(t) \\ \vdots & \vdots & \ddots & \vdots \\ w_{g1}(t) & w_{g2}(t) & \cdots & w_{gm}(t) \end{bmatrix}$$

ANN 训练及迭代过程如下：

（1）初始化各权值 $w_{ng}(t)$、$w_{gm}(t)$ 及阈值 $\theta_g(t)$、$\gamma_m(t)$（$g = 1$，2，$\cdots$，G，$m = 1$，2，$\cdots$，M，$t = 0$）。初始化权值及阈值一般设置为（$-2.4/F$，$2.4/F$）之间的随机数，其中 F 为所连接单元的输入端个数。同时设 $k = 1$，$t = 0$。

（2）输入样本 X_k，若 $k > K$，则转向（5）；否则继续。$u_{gk}^G(t) = \sum_{n=1 \to N} x_{nk} \cdot w_{ng}(t) + \theta_g(t)$，$v_{gk}^G(t) = f\left[u_{gk}^G(t)\right] = f\left[\sum_{n=1 \to N} x_{nk} \cdot w_{ng}(t) + \theta_g(t)\right]$，其中 $f(\cdot)$ 为神经元可微的激活函数，本研究需要选择每个神经元的激活函数是可微的 Sigmoid 函数，其函数值在（0，1）。该函数的形式是：$v = f(u) = 1/\left[1 + \exp(-u)\right]$。$u_{mk}^M(t) = \sum_{g=1 \to G} v_{gk}^G(t) \cdot w_{gm}(t) + \gamma_m(t)$，$v_{mk}^M(t) = f\left[u_{mk}^M(t)\right] = f\left[\sum_{g=1 \to G} v_{gk}^G(t) \cdot w_{gm}(t) + \gamma_m(t)\right] = y_{mk}(t)$。计算 M 层神经元 m 的误差 $e_{mk}(t) = d_{mk} - y_{mk}(t)$，若 $|e_{mk}(t)| < \varepsilon$，则 $k = k + 1$，转到（2）；否则执行（3）。其中 ε 为预先设定的小数，一般设为 10^{-3}，为误差允许范围。

（3）反向传递误差，以修正权值与阈值。首先对输入样本 X_k，反向计算每层各神经元的局部梯度 δ，公式为：输出层 $\delta_{mk}^M(t) = y_{mk}(t)\left[1 - y_{mk}(t)\right]\left[d_{mk} - y_{mk}(t)\right]$，隐层 $\delta_{gk}^G(t) = f'\left[u_{gk}^G(t)\right] \sum_{m=1 \to M} \delta_{mk}^M(t) \cdot w_{gm}(t)$。其次调整各连接权值，根据学习规则 $\Delta w(t) = -\eta \cdot \partial E(t)/\cdot \partial w(t)$，其中 η 为学习步长，在实验过程中根据不同阶段而定，学习初期应取较大值，以提高学习速率，到后期应逐渐减小该值，以避免反复震荡，提高学习精度。$E(t) = \left[e_{mk}(t)\right]^2/2$，经过推导可以得到 $\Delta w_{gm}(t) = \eta \cdot \delta_{mk} M(t) \cdot v_{gk}^G(t)$，$w_{gm}(t+1) = w_{gm}(t) + \Delta w_{gm}(t)$；$\Delta w_{ng}(t) = \eta \cdot \delta_{gk}^G(t) \cdot x_{nk}$，$w_{ng}(t+1) = w_{ng}(t) + \Delta w_{ng}(t)$。调整阈值，根据学习规则 $\Delta \alpha(t) = -\eta \cdot \partial E(t)/\cdot \partial \alpha(t)$，$\alpha$ 代表阈值。得 $\Delta \gamma_m(t) = \eta \cdot \delta_{mk}^M(t)$，$\gamma_m(t+1) = \gamma_m(t) + \Delta \gamma_m(t)$；$\Delta \theta_g(t) = \eta \cdot \delta_{gk}^G(t)$，$\theta_g(t+1) = \theta_g(t) + \Delta \theta_g(t)$。

（4）经过一次迭代后 $t = t + 1$，以修正后的权值与阈值重新对 X_k 计算网络实际输出，若 $|e_m(t)| < \varepsilon$ 或 $t > T$（T 为预先设定的最大迭代次数），

结束对 X_k 的训练，$k = k + 1$，转到（2）；否则转到（3）。

（5）结束训练。

现有 ANN 相关研究多数是以离散的精确值为研究用数据，然而对 PsyCap 这种具有模糊性的心理估计值来说使用精确值看似精确，其实不精确，原因是存在评价偏差。本研究是以范围值为对象，而且在求各因子对整体 PsyCap 影响程度时，也不像多数文献那样对因子均值只增长一个标准差（岑成德、权净，2005），而是增长多个标准差。因为有些因素只有增长到一定程度才会对员工整体 PsyCap 产生影响，而另一些因素可能在增长少量标准差时就对员工 PsyCap 影响显著，而增长到一定程度时其影响反而不明显了。

4.4.2.2　研究线路

PsyCap 影响因素的研究路线是：①构建一个优化的、可以用于评价员工整体 PsyCap 的神经网络；②运用此神经网络求得我国接待业员工的 PsyCap 水平；③选取性别、年龄、工龄、学历、收入等人口统计因素对 PsyCap 进行分类研究；④用各因子对总体 PsyCap 的边际贡献与平均贡献率来评价各因素对心理资本影响的重要程度。

表 4-10　心理资本影响因素样本的人口统计分析

人口统计因素		人数（356）	百分率（%）
性别	男	172	48.3
	女	184	51.7
年龄	20 岁以下	60	16.9
	21~25 岁	224	62.9
	26~35 岁	52	14.6
	36~49 岁	20	5.6
	50~60 岁	0	0.0
在本单位工作时间	6 个月以下	132	37.1
	6 个月~1 年	116	32.6
	1~2 年	96	27.0
	2~4 年	8	2.2

续表

人口统计因素		人数（356）	百分率（%）
在本单位工作时间	4~10 年	4	1.1
	10 年以上	0	0.0
个人月收入	600 元以下	152	42.7
	601~1000 元	152	42.7
	1001~1500 元	20	5.6
	1501~2000 元	28	7.9
	2001~3000 元	4	1.1
	3000 元以上	0	0.0
受教育程度	中专、高中以下	56	15.7
	中专、高中	152	42.7
	大专	84	23.6
	大学本科以上	64	18

4.4.3　数据分析

4.4.3.1　数据收集与加工

根据上文提到的影响心理资本因素的 23 个因素，在重庆和武汉对中等规模的三类接待企业（饭店、旅行社、餐饮）员工进行调查，发出问卷 430 份，收回有效问卷 356 份，回收率为 83%。问卷采用 10 刻度度量方式（"1"表示极其满意或完全同意，"10"表示极不满意或完全不同意）。调查问卷分三部分：第一部分调查员工的整体 PsyCap；第二部分调查员工对 23 个影响 PsyCap 变量（V1~V23）的评价；第三部分用来收集员工的人口统计因素，包括年龄、性别、学历等。样本的人口统计情况见表 4-10。软件 SPSS12.0 用来对数据进行统计与分析，变量内部信度用 Cronbach α 检验，测得结果为 0.86，超过了 Nunnally（1978）0.70 的要求。23 个变量的样本均值和标准差统计结果见表 4-11，由表 4-11 可知，变量均值集中于 5~8 之间，标准差较小，说明大多数员工对各变量的评价居中，且较为集中。得分最高的项目是 V23（我与家族成员间的关系和谐），得分为 8.42；其次是项目 V9（我与客人的沟通和互动良好）得分为 7.96；得分较低的项目是 V1（同行业中，我对自己的收入比较满意）和项目 V2（自己的付出与回报大致相符合），得分分别为 3.67 和 4.40。

表 4-11　样本变量均值和标准差

变量	均值	标准差	变量	均值	标准差
同行业中，我对自己的收入比较满意（V1）	3.67	2.63	我认为自己的工作很有价值（V13）	6.55	2.02
自己的付出与回报大致相符合（V2）	4.40	2.27	我的人生目标基本上实现或正在实现（V14）	6.38	2.01
我的物质生活与同事相比还算可以（V3）	4.90	2.66	我对自己的职务或级别晋升感到满意（V15）	4.99	2.55
目前自己的身体健康状况良好（V4）	7.73	2.76	我对企业的福利待遇感到满意（V16）	4.82	2.33
目前自己的心理健康状况良好（V5）	7.64	2.20	我认为自己还算成功（V17）	5.04	2.51
我能得到企业的情感支持（V6）*	5.31	2.31	我的能力在工作中得到了发挥与肯定（V18）	5.20	2.38
我能得到企业一定的管理授权（V7）*	4.40	2.35	在工作中能感受到为客人服务的快乐（V19）	6.81	2.10
我对企业的员工保障体系比较满意（V8）	5.21	2.27	我对自己的社会地位感到满意（V20）	5.13	2.34
我与客人的沟通和互动良好（V9）	7.96	1.68	我的工作促进了个人价值的实现（V21）	5.85	2.41
我在同事中的人缘很好（V10）	7.57	1.64	我对自己的家庭比较满意（V22）	7.79	2.08
遇到问题能得到同事或客人的理解（V11）	7.57	1.60	我与家族成员间的关系和谐（V23）	8.42	1.86
我能够得到客人及他人的尊重（V12）	7.55	1.72			

注：* 在调查表中，"情感支持"与"管理授权"有具体解释。

4.4.3.2　因子分析与命名

在进行因子分析前，要进行数据多重共线性检验。选择的指标有相关系数、R^2、Durbin-Watson 检验和方差膨胀因子（VIF），用 Eviews5.0 计算的结果是：所有变量的相关系数小于 0.6（最小的是 0.132），$R^2 = 0.7581$，调整后的 $R^2 = 0.7365$，DW 值为 0.873（Probability of F-statistic=0.0001），VIF（Variance Inflation Factor）值小于 10。所以说，没有严重的多重共线

性问题，可以进行因子分析（柯惠新，2005）。

因子分析的目的是识别隐藏在大量可观测变量中的少数潜在的、观测不到的因子，以便用它们代替原来的变量进行研究（马庆国，2002）。使用 SPSS12.0 对样本进行巴特利特球体（Bartlett Test of Sphericity）与 KMO（Kaiser–Meyer–Olkin）检验，结果表明，这次调查数据适合进行因子分析（统计量 $\chi^2 = 0.000 < 1\%$；KMO 值为 0.769，符合要求），并用主成分分析法求得 23 个主成分，并从中选择特征值大于 1 的主成分作为公共因子，共有 6 个因子，累计方差贡献率为 73.9%，能够解释大部分样本变化信息（见图 4–7）。

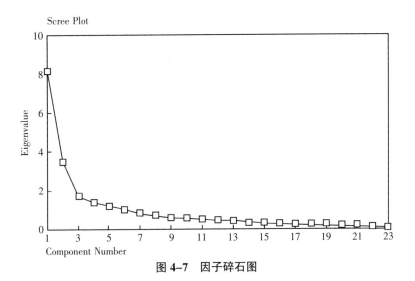

图 4–7 因子碎石图

接着对已选取的 6 个因子用方差最大化正交旋转方法进行因子旋转求得因子载荷矩阵，用那些高载荷（一般大于 0.5）变量并根据各因子中所含变量的共性来为因子命名（见表 4–12 与表 4–13）。给因子命名既有科学性又有艺术性，所以不能机械地将因子高载荷值的标准固化，也不可能将所有符合标准的变量都囊括进命名的因子中。所以，根据所研究问题的本质，从符合标准的、联系紧密的大多数变量中提取共性来命名。

F1 因子是由变量 V1、V2、V3、V8、V16、V20 组成，它们指向员工的物质条件，所以命名为"经济因素"。F2 是由变量 V13、V14、、V17、V18、V19 和 V21 的共性所决定的，可以命名为"自我实现"。F3 包括变量 V9、V10、V11 和 V12，它们都是关于员工人际交往的，命名为"人际关系"。F4 含有变量 V22 和 V23，命名为"家庭因素"比较恰当。F5 可命名为"健康状况"，因为变量 V4 和 V5 表示了员工对身心健康情况的评价。F6 由变量 V6、V7、V15 组成，可命名为"组织支持"。

表 4-12　正交旋转后因子载荷

Variable	Component					
	1	2	3	4	5	6
(V1)	0.741	0.057	−0.022	0.031	0.223	0.218
(V2)	0.721	0.079	0.191	0.134	0.076	0.234
(V3)	0.775	0.074	−0.012	0.061	0.389	−0.267
(V4)	0.036	0.039	0.185	0.031	0.844	0.027
(V5)	0.085	0.247	0.275	0.110	0.759	0.103
(V6)	0.371	0.196	0.049	0.102	0.386	0.653
(V7)	0.499	0.101	0.085	−0.034	−0.016	0.732
(V8)	0.696	0.149	0.008	0.142	0.040	0.190
(V9)	0.163	−0.091	0.865	−0.059	0.240	0.000
(V10)	0.121	0.149	0.820	−0.026	0.155	−0.035
(V11)	−0.141	0.219	0.692	0.275	0.105	0.095
(V12)	−0.116	0.171	0.731	0.452	0.011	0.069
(V13)	0.148	0.559	0.143	0.518	0.139	0.115
(V14)	0.260	0.863	0.166	0.051	0.064	−0.019
(V15)	0.471	0.428	−0.048	0.060	−0.035	0.569
(V16)	0.796	0.409	0.079	0.078	−0.028	0.054
(V17)	0.356	0.621	−0.016	0.021	−0.087	0.069
(V18)	0.447	0.507	0.033	−0.011	−0.016	0.328
(V19)	0.214	0.699	0.254	0.054	0.295	0.139
(V20)	0.717	0.222	−0.037	−0.117	−0.078	0.360
(V21)	0.430	0.677	−0.004	−0.059	0.068	0.163
(V22)	0.190	0.039	0.027	0.864	−0.030	−0.017
(V23)	−0.008	−0.028	0.188	0.878	0.127	0.005

提取方法：主成分分析法。旋转方法：正交方差极大化旋转。

表 4-13 因子命名

因子	因子名称及所属变量
F1	经济因素（V1、V2、V3、V8、V16、V20）
F2	自我实现（V13、V14、V17、V18、V19、V21）
F3	人际关系（V9、V10、V11、V12）
F4	家庭因素（V22、V23）
F5	健康状况（V4、V5）
F6	组织支持（V6、V7、V15）

4.4.4 人工神经网络构建、训练与测试

构建一个三层 BP 神经网络对数据进行分析，实践证明，三层网络可以反映任何非线性问题，如果网络超过三层，不仅对计算的精确程度贡献不大，而且网络迭代过程十分复杂。所以，本研究选择三层网络。其中输入层神经元 N = 6，对应 6 个因子的值；输出层神经元 M = 1，对应整体员工 PsyCap；隐含层神经元由公式 G = $(0.43NM + 0.12M2 + 2.54N + 0.77M + 0.35)$ 1/2 + 0.51（张金梅，2005）决定，计算结果为 19。网络模型如图 4-8 所示。

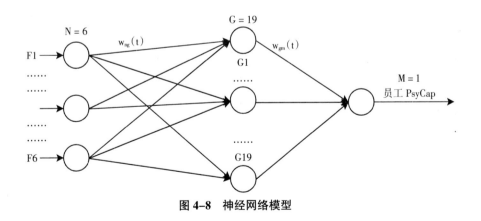

图 4-8 神经网络模型

需要注意的是：①问卷调查得到的数据是粗略离散型整数 1~10，并没有精确至小数位，而神经网络采用梯度下降算法和误差反向传播原理

使得网络的实际输出会在期望输出附近以误差为范围摆动，所以规定评分值落在区间 ["分值" –0.5，"分值" +0.5]（称之为评分区间）的数值被认为是同等级的，例如：8.17 与 8.97 均表示同一级别 [8.0，9.0] 的评价；②因子分析所得到的因子得分是连续型变量，所以不用限定；③由于神经网络激活函数采用的是 Sigmoid 函数，其渐进值为 0 和 1，所以期望输出（导师值）应该设为 0~1 的小数，因此调查所得员工整体 PsyCap 得分要乘以 0.1（也叫 0.1 化处理），同样评分区间随之变为 ["分值" –0.05，"分值" +0.05]。在 356 个样本中抽取 306 个作为训练样本，50 个作为测试样本。运用 Matlab7.1 软件中的神经网络工具箱编写网络计算程序（见附录 C）。第一层激活函数为 tansig，输出范围 (–1，+1)。第二层激活函数为 logsig，输出范围 (0，1)，要求网络的实际输出与期望输出误差不超过 0.001，即 goal=10E–3；学习率 lr = 0.05；迭代 3000 次，即 epochs = 3000。将样本的 6 个因子的值作为输入，对应的整体 PsyCap 作为期望输出，用它们来对网络进行训练，训练过程见图 4–9。

从图 4–9 可以看到网络经过 1060 次迭代（Epochs）后收敛，表明网络误差已经达到上面的规定值。需要指出的是，由于数据量大，网络程序首先采用批处理梯度下降法对输入数据进行一次性处理，输入矩阵为 $F = [F_1, F_2, F_3, F_4, F_5, F_6]^T$，其原理就是计算全局误差 $E = (1/K) * \sum_{k=1 \to K} e_k$；其次为了增加网络的泛化能力，程序采用 Bayesian 框架结构的 trainbr 为训练函数。网络训练完毕后抽取训练样本中的 100 个做训练正确率检验（Training Accuracy Rate），误差小于 0.05 则为正确。经检验训练正确率为 100%，说明网络已训练好，完全达到了要求的精度。再将 50 个测试样本分别输入网络，只要误差 = |实际输出 – 期望输出| < 0.0599，则认为正确。样本测试正确率（Test Accuracy Rate）为 94%（表 4–14 列出了一些测试误差），据此认为该网络训练与测试成功，可以使用。

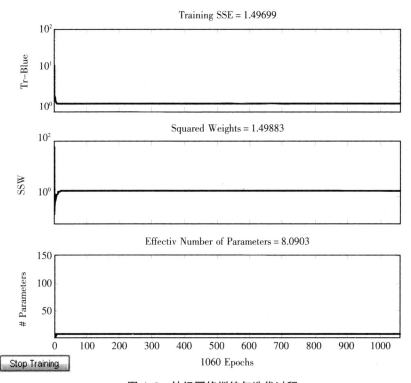

图4-9 神经网络训练与迭代过程

表4-14 测试样本误差

测试样本编号	期望输出	实际输出	误差	测试样本编号	期望输出	实际输出	误差
1	0.8	0.7145	−0.0455	11	0.8	0.7651	−0.0349
2	0.8	0.569	−0.0311	12	0.8	0.6401	−0.0599
3	0.8	0.7584	−0.0416	13	0.9	0.6946	−0.0354
4	0.7	0.6560	−0.044	14	0.7	0.7720	0.0332
5	0.7	0.7464	0.0464	15	0.7	0.7772	0.0472
6	0.7	0.7469	0.0469	16	0.7	0.7439	0.0439
7	0.7	0.7222	0.0222	17	0.9	0.7615	−0.0385
8	0.7	0.6465	−0.0535	18	0.8	0.7653	−0.0347
9	0.8	0.7818	−0.0182	19	0.7	0.682	−0.018
10	0.6	0.6753	0.0553	20	0.8	0.7178	−0.0822

4.4.5 神经网络的具体运用与研究结论

4.4.5.1 接待业员工总体 PsyCap 测量

现在利用已经训练好的神经网络测量我国接待业员工总体 PsyCap。将 6 个因子均值作为网络的输入，相应的输出就是该企业员工总体 PsyCap，因为样本均值是总体均值的无偏估计量，即 6 个因子指标应该能反映接待业员工的平均水平。6 个因子均值 μ（$n=1$，2，3，4，5，6）可表示为指标向量 $\mu=(\mu_1, \mu_2, \mu_3, \mu_4, \mu_5, \mu_6)^T$。由于对上述样本所做的因子分析得到的因子指标值是标准化矩阵，所以每个因子均值为 0，方差为 1，即 $\mu=(0, 0, 0, 0, 0, 0)^T$。将其输入神经网络得到接待业员工总体 PsyCap 为 $0.7095 \in (0.65, 0.75)$，说明我国接待业员工的整体心理资本水平处于中等，有进一步提高的余地。值得补充的是，该神经网络是利用接待业员工样本进行训练的，它只适用于测量该行业的员工总体 PsyCap。如果要测量另一个行业的员工 PsyCap，则要用另一个行业的样本数来重新训练神经网络。

4.4.5.2 人口统计因素对员工 PsyCap 的影响

（1）性别、年龄、学历及工龄对员工 PsyCap 的影响。用该神经网络测量接待业中男性员工和女性员工的总体 PsyCap 以及 26 岁以下员工和26 岁以上员工的总体 PsyCap（因为 80% 的员工年龄集中在 20~40 岁之间，取 26 岁为分界较为合理），并进行对比。先用 SPSS 软件将样本按性别分类（"1"为男性，"2"为女性）。求出男性员工 6 个因子指标均值 $\mu(1)=(0.097828, 0.199098, 0.181614, -0.02879, 0.065087, 0.239622)^T$，输入神经网络得到男性员工总体 PsyCap 为 0.722；再求出女性员工 6 个因子指标均值 $\mu(2)=(0.09145, -0.186113, -0.169769, 0.0269, -0.06084, -0.2239)^T$，输入神经网络得到女性员工总体 PsyCap 为 0.6969。容易发现，女性和男性员工总体 PsyCap 都属于评分区间（0.65, 0.75），位于同一个层次，这说明性别差异并不显著地影响 PsyCap。

同样将样本按年龄 26 岁分类，求出 26 岁以下员工 6 个因子指标的均值 $\mu(3) = (-0.4476，-0.4845，0.1057，0.3575，0.2014，-0.2111)^T$，输入神经网络得到 26 岁以下员工的总体 PsyCap 为 $0.7208 \in (0.65，0.75)$；26 岁以上员工因子均值 $\mu(4) = (0.0907，0.0982，-0.0214，-0.0724，-0.0408，0.0427)^T$，总体 PsyCap 为 $0.7069 \in (0.65，0.75)$。26 岁以上员工与 26 岁以下员工的 PsyCap 水平都处于测评区间 $(0.65，0.75)$，这说明年龄对 PsyCap 的影响也不显著。同样，利用回归分析也可以得到上面的结论。

用同样方法可以得到学历为专科及以下员工的 PsyCap 水平为 0.7052，学历为本科以上员工的 PsyCap 为 0.715；在本企业工龄为 2 年以下员工的 PsyCap 水平为 0.6932，工龄为 2 年以上员工的 PsyCap 水平为 0.7194，它们都属于测量区间 $(0.65，0.75)$。这说明学历与工龄对员工 PsyCap 的影响较小。综上所述，以上人口统计因素对员工心理资本的影响并不显著。

（2）收入对员工 PsyCap 的影响。先将样本按收入分类，求出月收入在 1500 元以下员工 6 个因子指标的均值 $\mu(5) = (0.043327，-0.20305，-0.04900，0.091737，-0.01466，-0.11900)^T$，输入神经网络得到月收入在 1500 元以下员工的总体 PsyCap 为 $0.64315 \in (0.60，0.70)$；同样，月收入在 1500 元以上员工 6 个因子的均值 $\mu(6) = (0.234753，0.150184，-0.33627，0.103636，-0.13211，0.243451)^T$，总体 PsyCap 为 $0.7501 \in (0.70，0.80)$。可以发现：收入较高员工的 PsyCap 水平明显高于收入水平较低的员工。这说明收入是影响 PsyCap 的一个重要因素。

值得指出的是，PsyCap 与员工收入可能是互相影响的，有研究者发现，PsyCap 水平高的员工，其收入也较高。但是可以肯定的是，这两者具有高相关性，如果要准确判断两者之间的因果关系，就要使用 Granger 因果分析。

4.4.5.3 因子对员工 PsyCap 的影响程度分析

因子分析把影响 PsyCap 的因素归为 6 种，它们对 PsyCap 的影响程度是否相同呢？这里采用因子对 PsyCap 的边际贡献和平均贡献率来衡量。6 个因子（标准化指标）的均值 $\mu = 0$，标准差 $\sigma = 1$。先以 $\mu_0 = (\mu_1, \mu_2, \mu_3, \mu_4, \mu_5, \mu_6)^T = (0, 0, 0, 0, 0, 0)^T$ 输入网络求出员工总体心理资本 $Y0 = 0.7095$（上文已研究过），由于评分区间的存在，$Y0 \in (0.65, 0.75)$，所以将其视为 $Y0 = 7$。然后令其中一个因子的均值增长 $Fn(\sigma) = L * \sigma = L$（$n = 1, 2, 3, 4, 5, 6$，$L$ 为增长标准差的个数）个标准差，在其他因子不变的情况下，输入网络求得输出并取其所在评分区间的中位数的值 Yn^L 作为当 Fn 增长 L 个标准差时的 PsyCap。例如，当 F1 的均值增长一个标准差（$L = 1$），其他因子的均值不变，那么输入网络 $(100000)^T$ 得到 $Y1^1 = 0.8$，它表示当 F1 因子的均值增长 1 标准差所得到新的总体 PsyCap。同样输入 $(200000)^T$ 得到的是 $Y1^2 = 0.9$，如果输入的向量是 $(010000)^T$，那么得到的是 $Y2^1 = 0.8$，它表示当 F2 因子均值增长 1 标准差，而其他因子保持不变情况下所得到的新的总体 PsyCap。这里求出每个因子均值分别增长 1 到 5 个标准差时，而其他因子均值不变情况下的 PsyCap。之所以选择增长 5 个标准差是因为经过测算，F4 的均值只有增加 5 个标准差后才对整体 PsyCap（$Y4^5$）产生影响（详见附录 B）。对每个因子都作同样的处理，就可得到新的 PsyCap 矢量 $Yn^L = (Y1^L, Y2^L, Y3^L, Y4^L, Y5^L, Y6^L)^T$（$L = 1, 2, 3, 4, 5$）。定义：

$An^L = (Yn^L - Y0) / L$ 为因子 Fn 均值增长 L 个标准差时对 PsyCap 的平均贡献率（Average Contribution of Factor to PsyCap，简称 A）。

据此可以计算每个因子均值增长 5 个 σ 时的 A 值（详见附录 B）。例如，因子 F1 增长 5 个方差后：

$A1^5 = A6^5 = (1.0 - 0.7) / 5 = 0.06$（注意：虽然不可能取值 1，但是只要大于 0.95 即可）。

同样，其他因子均值增长 5 个 σ 的平均贡献率分别为：

A2⁵ = (0.9 - 0.7) /5 = 0.04

$$A2^5 = (0.9 - 0.7)/5 = 0.04$$

$$A3^5 = A4^5 = A5^5 = (0.8 - 0.7)/5 = 0.02$$

虽然 F6（组织支持）与 F1（经济因素）因子对心理资本的平均贡献率相同，但是当 F6 均值增加一个标准差时，它对心理资本的边际贡献是 0.2（0.9–0.7），大于 F1 的边际贡献 0.1（0.8–0.7），所以说它对 PsyCap 的影响程度最大。

同样，$A3^5 = A4^5 = A5^5 = 0.02$，但是在因子均值增长过程中，引起员工整体 PsyCap 先后变化的依次是 F3（$Y3^2 = 0.8$）、F5（$Y5^2 = 0.7$，$Y5^3 = 0.8$）、F4（$Y4^1 = Y4^2 = Y4^3 = Y4^4 = 0.7$，$Y4^5 = 0.8$），所以，这三个因子对员工整体 PsyCap 影响程度由大到小的因子依次为：F3、F5、F4。其均值变化对 PsyCap 的影响见图 4–10。

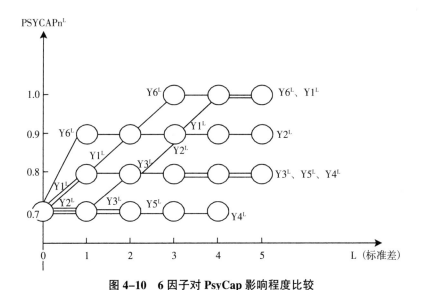

图 4–10 6 因子对 PsyCap 影响程度比较

综上所述，根据因子对整体 PsyCap 平均贡献率与边际贡献率大小，6 个因素对 PsyCap 影响力由大到小排列顺序是：F6（组织支持）、F1（经济因素）、F2（自我实现）、F3（人际关系）、F5（健康状况）和F4（家庭因素）。以上研究结论，也是心理资本开发与管理的依据之一。

4.5　本章小结

本章使用SEM和ANN工具对PsyCap的结构维度、相互关系及心理资本影响因素进行了研究，构造了心理资本测量量表并进行了效度与信度检验。该量表与国外的有差异，也有相似之处，主要表现在对"希望"的理解与测量方面。关于心理资本结构的研究在一定程度上支持了Luthans（2006）等的研究成果，说明在中国文化环境中，心理资本具有相同的四维度结构。此外，本章应用ANN对心理资本影响因素的研究具有一定的新意，不仅ANN在解决非线性问题上具有较大优势，其研究结论更加客观、真实，而且在研究因子对心理资本的影响程度时，不像有些研究只输入因子均值，而是让因子增加几个标准差，因为这样能更好地比较不同因子对心理资本的影响程度。

5　概念模型数据分析

数据分析就是对研究收集的数据进行加工与处理，从中发现变量特征与规律，以及对假设与概念模型进行检验的过程。数据分析主要包括描述统计与推断统计（李怀祖，2004）。本章利用第三类样本（见第 3 章第 3.3 节）中的 2 个样本：检验样本和核实样本及把它们合并构成的总和样本（简称总样本）对概念模型进行分析，样本人口统计见表 5-1。

表 5-1　第三类样本概况（概念模型用）

人口统计因素		检验样本（408）		核实样本（680）		总样本（1088）	
		人数	百分率（%）	人数	百分率（%）	人数	百分率（%）
性别	男	244	59.80	244	35.90	488	44.9
	女	164	40.20	436	64.10	600	55.1
年龄	20 岁以下	72	17.65	100	14.7	172	15.8
	21~25 岁	192	47.06	360	52.9	552	50.7
	26~35 岁	104	25.49	156	22.9	260	23.9
	36~49 岁	40	9.80	64	9.4	104	9.6
	50~60 岁	0	0.00	0	0.00	0	0.0
工龄	6 个月以下	144	35.29	184	27.1	328	30.1
	6 个月~1 年	104	25.49	188	27.6	292	26.8
	1~2 年	80	19.61	232	34.1	312	28.7
	2~4 年	72	17.65	76	11.2	148	13.6
	4~10 年	4	0.98	0	0.00	4	0.4
	10 年以上	4	0.98	0	0	4	0.4

人口统计因素		检验样本（408）		核实样本（680）		总样本（1088）	
月收入	600 元以下	56	13.73	60	8.8	116	10.7
	601~1000 元	224	54.90	252	37.1	476	43.8
	1001~1500 元	92	22.55	208	30.6	300	27.6
	1501~2000 元	28	6.86	68	10	96	8.8
	2001~3000 元	8	1.96	56	8.24	64	5.9
	3000 元以上	0	0.00	36	5	36	3.3
学历	高中以下	76	18.63	68	10	144	13.2
	高中	172	42.16	204	30	376	34.6
	大专	104	25.49	284	41.8	388	35.7
	本科	56	13.73	120	17.6	176	16.2
	研究生以上	0	0.00	4	0.6	4	0.4

从表 5-1 可以看出，接待业员工年龄主要集中在 21~35 岁，以女性为主，学历以高中和大专为主，工龄多在 2 年以下，月收入较低，多为 1500 元以下。这说明接待业员工具有自己独特的人口统计特征。

5.1 描 述 统 计

5.1.1 描述性分析

为了便于使用结构方程模型，当模型中潜变量测量项目过多时，国内外的学者通常把一个潜变量的测量项目分为几个子尺度，用子尺度的均值作为这个潜变量的测量指标，这样可以减少模型的估计参数，提高模型测量的准确性（吴清津、汪纯孝，2004），研究者李原（2006）把这种处理测量项目的方法称为 LISREL 的打包原则（Parceling）。本书除了心理资本根据研究的需要（为了心理资本指数的计算）分为 4 个测量项目外，其他潜变量的测量项目均一分为二。以下是本研究概念模型中潜变量的测量指标、均值及方差（见表5-2）。

表5-2 本研究潜变量指标的均值与标准差

指标代码	测量项目	检验样本		核实样本		总样本	
		平均值	标准差	平均值	标准差	平均值	标准差
PCB1	Q24-26 的平均数	4.08	1.54	3.1	1.17	3.59	1.45
PCB 2	Q27-29 的平均数	3.7	1.56	2.89	1.03	3.3	1.38
PsyCap1	Q1-6 的平均数	5.06	1.21	5.02	0.9	5.04	1.07
PsyCap2	Q7-11 的平均数	5.02	1.2	4.94	0.75	4.98	1
PsyCap3	Q12-17 的平均数	4.80	1.17	5.40	0.8	5.10	1.01
PsyCap4	Q18-23 的平均数	4.91	1.67	5.11	0.84	5.01	1.33
STA1	Q41-42 的平均数	4.24	1.77	4.9	1.28	4.57	1.57
STA 2	Q43	4.17	1.98	4.97	1.26	4.57	1.7
ES1	Q36-38 的平均数	4.4	1.57	5.08	0.89	4.74	1.32
ES 2	Q39-40 的平均数	4.2	1.42	4.98	1.08	4.63	1.31
OCB1	Q44-47 的平均数	4.48	1.83	5.16	1.55	4.82	1.73
OCB 2	Q48-51 的平均数	4.56	1.83	5.06	0.9	4.81	1.46
AB1	Q52	5.44	2.39	6.13	1.12	5.78	1.89
AB2	Q53	5.17	2.37	5.94	1.29	5.55	1.94
POS1	Q30-32 的平均数	4.4	1.6	4.58	1.09	4.49	1.37
POS2	Q33-35 的平均数	5.17	2.37	4.8	1.04	4.49	1.37

注：PsyCap 1~PsyCap 4 代表心理资本的 4 个打包后的指标，其他代码类似。PCB：心理契约违背；ES：员工满意；STA：留职意愿；OCB：组织公民行为；AB：员工缺勤；POS：组织支持。下同。

5.1.2 潜变量测量信度分析

测量信度是指测量指标（或项目）是否在测量同一概念，也就是对变量的真实反映程度。学术研究中通常使用内部一致性系数（Cronbach α）来检验信度。当 α 大于 0.6 时，一般认为，测量信度较好，数据是可靠的（Hair，1998）。以下是 SPSS12.0 计算的潜变量测量尺度的 Cronbach α 值。从表 5-3 可以看出，大部分变量测量表的 Cronbach α 值都大于 0.6，表明测量具有较高的信度。

表 5-3   潜变量测量信度计量结果

变量	项目数	Cronbach α			计量指标	项目数	Cronbach α		
		检验样本	核实样本	总样本			检验样本	核实样本	总样本
PCB	6	0.772	0.858	0.827	PCB1	3	0.741	0.798	0.788
					PCB2	3	0.648	0.697	0.689
PsyCap	23	0.851	0.892	0.861	PsyCap 1	6	0.779	0.792	0.782
					PsyCap 2	5	0.761	0.582	0.702
					PsyCap 3	6	0.81	0.744	0.789
					PsyCap 4	6	0.375	0.684	0.447
STA	3	0.805	0.779	0.806	STA 1	2	0.767	0.701	0.75
					STA 2	1			
ES	5	0.663	0.673	0.697	ES 1	3	0.651	0.397	0.615
					ES 2	2	0.491	0.611	0.57
OCB	8	0.953	0.518	0.851	OCB 1	4	0.938	0.293	0.68
					OCB 2	4	0.908	0.787	0.887
AB	2	0.941	0.726	0.906	AB 1	1			
					AB 2	1			
POS	6	0.902	0.872	0.894	POS 1	3	0.84	0.821	0.835
					POS 2	3	0.826	0.805	0.822

注：变量代码同表 5-2，下同。

5.1.3   数据多元正态检验

由于本研究使用 LISREL 最大似然估计法结构方程模型，所以要先对三个样本数据进行多元正态分析，结果表明，概念模型中绝大多数潜变量指标的峰度绝对值小于 10，态势绝对值都小于 3（总样本的检验结果见表 5-4），每个指标的态势与峰度检验不显著，所以不需要对数据进行转换就可以做验证性因子分析。

表5-4 数据多元化正态检验（总样本）

数据统计摘要

Variable	Mean	St.Dev.	T-Value	Skewness	Kurtosis	Minimum	Freq.	Maximum	Freq.
Y1	4.301	1.368	31.751	−0.040	−0.217	0.968	2	7.000	6
Y2	4.376	1.556	28.399	−0.032	−0.324	0.995	4	7.000	7
Y3	5.053	1.275	40.014	−0.002	−0.032	1.657	1	7.000	1
Y4	4.912	1.406	35.284	−0.008	−0.049	1.166	1	6.997	1
Y5	4.010	1.907	21.231	0.023	−0.687	0.828	13	6.351	11
Y6	4.029	2.136	19.050	0.026	−1.087	0.991	22	6.188	20
Y7	3.814	1.606	23.985	0.011	−0.266	0.471	5	5.304	4
Y8	4.176	1.555	27.120	−0.001	−0.324	1.050	6	6.424	5
Y9	3.712	1.968	19.052	−0.010	−0.566	0.103	9	5.223	10
Y10	3.729	1.983	18.994	−0.010	−0.565	0.092	9	4.268	10
Y11	4.598	2.748	16.901	−0.299	−1.740	1.095	34	6.160	51
Y12	4.373	2.651	16.658	−0.130	−1.690	1.104	34	7.000	42
Y13	4.288	1.724	25.116	−0.043	−0.520	0.926	7	6.286	11
Y14	4.490	1.686	26.889	−0.044	−0.524	1.202	7	6.423	11
X1	5.155	1.091	155.915	−0.501	0.999	1.250	4	7.000	4
X2	5.040	1.097	151.579	−0.728	1.076	1.000	4	7.000	4

数据多元化正态检验结果

	Skewness		Kurtosis		Skewness and Kurtosis	
Variable	Z-Score	P-Value	Z-Score	P-Value	Chi-Square	P-Value
Y1	−0.173	0.862	−0.345	0.730	0.149	0.928
Y2	−0.139	0.889	−0.649	0.516	0.440	0.802
Y3	−0.007	0.994	0.113	0.910	0.013	0.994
Y4	−0.033	0.974	0.073	0.941	0.006	0.997
Y5	0.099	0.922	−1.991	0.047	3.973	0.137
Y6	0.111	0.912	−4.620	0.051	1.359	0.100
Y7	0.049	0.961	−0.479	0.632	0.232	0.890
Y8	−0.002	0.998	−0.648	0.517	0.420	0.810
Y9	−0.043	0.965	−1.475	0.140	2.178	0.337
Y10	−0.044	0.965	−1.472	0.141	2.169	0.338
Y11	−1.270	0.204	8.066	0.512	4.603	0.232
Y12	−0.562	0.574	4.377	0.400	9.663	0.070
Y13	−0.187	0.851	−1.300	0.194	1.726	0.422
Y14	−0.191	0.848	−1.314	0.189	1.763	0.414
X1	−1.420	0.654	6.743	0.639	8.685	0.576
X2	−0.889	0.564	7.263	0.538	9.763	0.498

注：Y1~Y4 打包后的 4 个指标；Y5~Y6：PCB 打包后的 2 个指标；Y7~Y8：ES 打包后的 2 个指标；Y9~Y10：STA 打包后的 2 个指标；Y11~Y2：OCB 打包后的 2 个指标；Y13~Y14：AB 打包后的 2 个指标；X1~X2：POS 打包后的 2 个指标。

5.2 推断统计

5.2.1 测量模型的验证性分析

James 和 Gerbing（1988）指出，检验 SEM 之前要评价测量模型。只有测量模型达到要求，才有必要检验结构模型。首先进行测量指标的正态分布检验，没有发现指标违反正态分布，再使用 LISREL8.70 以总样本相关系数矩阵（见表 5-6）进行测量模型检验。检验结果如表 5-5 所示。

表 5-5　变量在指标上的负载（总样本）

变量	指标	系数	总样本	
			标准化参数估计值	T 值
PCB	PCB1	$\lambda_{y1.1}$	0.95	
	PCB2	$\lambda_{y2.1}$	0.69	4.78
PsyCap	PsyCap 1	$\lambda_{y3.2}$	0.24	
	PsyCap 2	$\lambda_{y4.2}$	0.36	3.60
	PsyCap 3	$\lambda_{y5.2}$	0.47	3.98
	PsyCap 4	$\lambda_{y6.2}$	0.52	5.03
STA	STA1	$\lambda_{y7.3}$	0.66	
	STA2	$\lambda_{y8.3}$	0.69	9.52
ES	ES1	$\lambda_{y9.4}$	0.74	
	ES2	$\lambda_{y10.4}$	0.71	8.36
OCB	OCB1	$\lambda_{y11.5}$	0.35	
	OCB2	$\lambda_{y12.5}$	0.99	3.17
AB	AB1	$\lambda_{y13.6}$	0.87	
	AB2	$\lambda_{y14.6}$	0.61	11.19
POS	POS1	$\lambda_{x1.7}$	0.73	
	POS2	$\lambda_{x2.7}$	0.70	6.70

表5-6 总样本的相关系数矩阵

	PCB1	PCB2	PsyCap1	PsyCap2	PsyCap3	PsyCap4	STA1	STA2	ES1	ES2	OCB1	OCB2	AB1	AB2	POS1	POS2
PCB1	1															
PCB2	0.656	1														
PsyCap1	-0.022	-0.039	1													
PsyCap2	-0.226	-0.181	0.586	1												
PsyCap3	0.129	0.088	-0.101	-0.218	1											
PsyCap4	0.081	0.089	-0.051	-0.204	0.455	1										
STA1	0.131	0.092	-0.131	-0.127	0.297	0.514	1									
STA2	0.038	0.028	-0.089	-0.131	0.273	0.507	0.528	1								
ES1	0.009	0.001	-0.101	-0.082	0.228	0.111	0.127	0.106	1							
ES2	0.121	0.051	-0.173	-0.167	0.6	0.224	0.257	0.21	0.344	1						
OCB1	0.134	0.118	-0.021	-0.221	0.09	0.12	0.11	0.185	-0.013	-0.076	1					
OCB2	0.098	0.093	-0.011	-0.244	0.154	0.208	0.173	0.217	0.008	-0.031	0.872	1				
AB1	0.138	0.16	0.132	-0.053	0.126	0.372	0.192	0.206	0.05	-0.092	0.22	0.197	1			
AB2	0.11	0.058	0.12	-0.006	0.274	0.416	0.279	0.264	0.115	0.185	0.095	0.097	0.512	1		
POS1	0.127	0.125	0.172	0.105	0.132	-0.053	0.126	0.372	0.192	0.206	0.050	-0.092	0.220	0.197	1.0	
POS2	0.091	0.113	0.020	0.095	0.120	-0.006	0.274	0.416	0.279	0.264	0.115	0.185	0.095	0.097	0.512	1.0

从表5-5可知，测量指标在各潜变量上的载荷多高于0.5且显著，说明测量指标有较高聚合效度。

5.2.2 潜变量测量效度与测量模型评价

以上对测量信度进行了分析，该测量的效度如何呢？学者经常使用以下方法，判断数据的区分效度：

（1）如果同一个潜变量不同指标之间的相关系数比该变量的指标与其他变量任何一个指标之间的相关系数都高，则表明数据有较高的区分效度。

（2）如果潜变量之间的相关系数加减标准误的1.96倍不包含1，表明测量具有区分效度（James et al.，1988）。

（3）潜变量解释的方差（也叫平均变异抽取量）大于该变量与其他变量的共同方差（Shared Variance，SV），说明测量有较高的区分效度。

潜在变量的平均变异抽取量（Average Variance Extracted，AVE）以个别潜在变量为计算单位，数值表示通过观察指标，到底有多少比例的潜在变量得到解释（Fornell，Larcker，1981），所以，有的书上也叫潜变量解释的方差。其计算公式如下：

$$AVE = \frac{\sum \lambda_{ij}^2}{\sum \lambda_{ij}^2 + \sum \Theta} = \frac{各观察指标 R^2 的总和}{观察指标数}$$

其中，λ_{ij} 为观察指标的标准化负荷；Θ 为观察指标的测量误差。AVE 在0.5以上被认为是可以接受的。同时潜变量的AVE大于该变量与其他变量的共同方差，才表明该变量具有较高的区分效度。表5.7是本研究概念模型潜变量的测量效度。

从表5-7可知，本研究的潜变量测量具有区分效度，数据有效。所以下面对测量模型进行评价（见表5-8）。

表 5–7　总样本测量模型中潜变量间标准化相关系数、AVE 和 SV

潜变量	PCB	PsyCap	STA	ES	OCB	AB	POS
PCB	**0.69**	0.0100	0.0250	0.0390	0.0144	0.0100	0.1710
PsyCap	−0.10	**0.54**	0.0121	0.0016	0.0009	0.0100	0.0036
STA	−0.16	−0.11	**0.58**	0.551	0.3600	0.072	0.2000
ES	−0.13	0.04	0.82	**0.55**	0.1024	0.0729	0.2025
OCB	−0.12	0.03	0.60	0.32	**0.53**	0.0009	0.0036
AB	0.10	−0.10	−0.27	−0.27	−0.03	**0.56**	0.0441
POS	−0.19	0.06	0.62	0.45	0.06	−0.21	**0.88**

注：对角线是 AVE 的值，下三角是潜变量相关系数，上三角是 SV 的值。

表 5–8　测量模型拟合指数（总样本）

拟合指数	指　标	总样本
绝对拟合指数	χ^2	168.35
	DF	56
	P 值	0.15
	χ^2/df	3.00
	SRMSR	0.064
	RMSEA	0.041
	GFI	0.92
相对拟合指数	NFI	0.88
	NNFI	0.87
	CFI	0.92
简约拟合指数	PNFI	0.56
	PGFI	0.59

　　根据 SEM 拟合指数标准，以上绝对拟合指数、相对拟合指数、简约拟合指数都基本达到了要求，说明数据与测量模型拟合程度较高。以上分析说明概念模型的测量模型达到了要求，可以进行结构模型分析。

5.3 结构方程模型分析

表 5-9 检验样本的相关系数

	PCB1	PCB2	PsyCap1	PsyCap2	PsyCap3	PsyCap4	STA1	STA2	ES1	ES2	OCB1	OCB2	AB1	AB2	POS1	POS2
PCB1	1															
PCB2	0.583	1														
PsyCap1	0.069	-0.134	1													
PsyCap2	0.161	-0.066	0.709	1												
PsyCap3	0.319	0.323	-0.041	-0.062	1											
PsyCap4	0.224	0.45	-0.104	-0.167	0.561	1										
STA1	0.352	0.22	0.045	-0.016	0.228	0.215	1									
STA2	0.446	0.355	0.022	-0.026	0.459	0.539	0.441	1								
ES1	0.17	0.041	-0.267	-0.21	0.215	0.037	0.462	0.069	1							
ES2	0.091	-0.048	-0.174	-0.197	0.171	0.029	0.499	0.109	0.828	1						
OCB1	0.072	0.174	0.116	0.069	0.193	0.27	-0.221	0.192	-0.526	-0.491	1					
OCB2	0.059	0.194	0.084	0.03	0.271	0.314	-0.151	0.306	-0.434	-0.432	0.893	1				
AB1	0.544	0.532	0.038	0.001	0.21	0.353	0.33	0.589	-0.174	-0.085	0.365	0.391	1			
AB2	0.538	0.559	0.126	0.039	0.322	0.359	0.244	0.597	-0.218	-0.139	0.362	0.418	0.84	1		
POS1	0.265	0.125	0.098	0.235	0.264	0.321	0.191	0.235	0.250	0.302	0.194	0.148	0.232	0.26	1.0	
POS2	0.443	0.271	0.232	0.433	0.401	0.643	0.306	0.420	0.363	0.512	0.361	0.334	0.482	0.43	0.38	1.0

表 5-10 核实样本相关系数矩阵

	PCB1	PCB2	Psy-Cap1	Psy-Cap2	Psy-Cap2	Psy-Cap2	STA1	STA2	ES1	ES2	OCB1	OCB2	AB1	AB2	POS1	POS2
PCB1	1															
PCB2	0.412	1														
PsyCap1	-0.102	-0.33	1													
PsyCap2	-0.218	-0.281	0.504	1												
PsyCap2	0.239	0.222	-0.322	-0.43	1											
PsyCap2	0.128	0.285	-0.481	-0.459	0.438	1										
STA1	0.23	0.305	-0.396	-0.48	0.47	0.579	1									
STA2	0.204	0.289	-0.364	-0.352	0.242	0.448	0.562	1								
ES1	0.216	0.144	-0.078	-0.038	0.163	0.125	0.2	0.15	1							
ES2	0.52	0.404	-0.19	-0.265	0.463	0.312	0.369	0.337	0.235	1						
OCB1	0.107	0.113	-0.163	-0.026	0.1	-0.165	-0.167	-0.107	0.098	0.13	1					
OCB2	0.068	0.117	-0.08	-0.073	0.165	-0.052	-0.065	-0.051	0.075	0.051	0.325	1				
AB1	0.272	0.296	-0.34	-0.455	0.288	0.32	0.351	0.206	0.195	0.232	0.101	0.074	1			
AB2	0.309	0.27	-0.203	-0.37	0.185	0.293	0.26	0.258	0.158	0.272	-0.031	-00.11	0.409	1		
POS1	0.258	0.237	0.240	0.251	0.178	0.257	0.379	0.438	0.441	0.063	0.060	0.322	0.489	0.52	1.0	
POS2	0.235	0.284	0.185	0.197	0.032	0.148	0.034	0.121	0.064	0.072	-0.030	0.262	0.327	0.33	0.33	1.0

对测量模型进行检验后，接下来对概念模型的结构模型进行分析，使用的样本仍是以上提到的三个样本：检验样本（简称样本 1）、核实样本（简称样本 2）和总样本（简称样本 3）。把这三个样本的相关系数矩阵（见表 5-9、表 5-10 和表 5-6）及标准差作为结构方程的输入数据，用 LISREL8.70 软件中的极大似然估计（ML）法来检验模型。

5.3.1　概念模型的拟合指数

利用以上相关数据和根据概念模型设计的原程序计算出概念模型的主要拟合指数（称原模型指数）。很可惜，原模型指数不太理想（见表 5-11），Y2 与 Y6 之间的修正指数很大（MI = 23），更不幸的是员工满意度（ES）对员工缺勤行为（AB）的影响系数为正且显著，这与理论相矛盾，也说明原模型有进一步修正的余地。所以，去掉 ES 与 AB 之间的影响路径，且让 Y2 与 Y6 自由估计，重新编写程序对概念模型再次进行指数计算（称修正模型指数，见表 5-11）。

表 5-11　概念模型拟合指数比较

拟合指数	指标	检验样本		核实样本		总样本	
		原模型	修正模型	原模型	修正模型	原模型	修正模型
绝对拟合指数	χ^2	132.83	112.4	102.31	123.6	196.3	189.2
	DF	60	61	60	61	60	61
	P 值	0.00	0.08	0.00	0.10	0.00	0.12
	χ^2/df	2.21	1.84	1.70	2.03	3.27	3.10
	SRMSR	0.097	0.080	0.061	0.067	0.071	0.043
	RMSEA	0.10	0.06	0.059	0.04	0.087	0.039
	GFI	0.85	0.89	0.93	0.92	0.91	0.94
相对拟合指数	NFI	0.88	0.91	0.92	0.90	0.87	0.90
	NNFI	0.89	0.90	0.94	0.95	0.85	0.92
	CFI	0.93	0.92	0.96	0.93	0.90	0.96
简约拟合指数	PNFI	0.54	0.57	0.44	0.55	0.48	0.64
	PGFI	0.49	0.51	0.53	0.61	0.52	0.51

从表 5-11 可以看出，修正模型的绝大多数拟合指数都比原模型好，且三个样本的拟合指数均达到要求。因此，选择修正模型进行后续分析。

5.3.2 概念模型的结构评价

5.3.2.1 测量模型评价

表 5-12 变量在指标上的负载

变量	指标	系数	检验样本		核实样本		总样本	
			标准化参数估计值	T 值	标准化参数估计值	T 值	标准化参数估计值	T 值
PCB	PCB1	$\lambda y_{5,1}$	0.76		0.62		0.50	
	PCB2	$\lambda y_{6,1}$	0.68	6.70	0.55	6.24	0.52	4.83
PsyCap	PsyCap1	$\lambda y_{1,2}$	0.74		0.60		0.07	
	PsyCap2	$\lambda y_{2,2}$	0.96	5.78	0.78		0.18	
	PsyCap3	$\lambda y_{3,2}$	0.67	6.92	0.53		0.13	
	PsyCap4	$\lambda y_{4,2}$	0.78	3.38	0.61	7.40	0.15	3.08
STA	STA1	$\lambda y_{7,3}$	0.66		0.65		0.90	
	STA2	$\lambda y_{8,3}$	0.79	5.43	0.83	7.41	0.91	7.89
ES	ES1	$\lambda y_{9,4}$	0.51		0.84		0.32	
	ES2	$\lambda y_{10,4}$	0.84	5.00	0.75	7.57	0.28	9.00
OCB	OCB1	$\lambda y_{11,5}$	0.70		0.86		0.88	
	OCB2	$\lambda y_{12,5}$	0.82	9.42	0.82	3.84	0.79	2.42
AB	AB1	$\lambda y_{13,6}$	0.95		0.52		0.70	
	AB2	$\lambda y_{14,6}$	0.94	12.89	0.45	1.08	0.75	10.5
POS	POS1	$\lambda x_{1,7}$	0.90		0.88		0.50	
	POS2	$\lambda x_{2,7}$	0.92	13.80	0.69	5.48	0.87	7.05

5.3.2.2 结构模型评价

结构模型评价是检验概念模型建立的理论关系是否得到数据的支持。检验内容包括估计参数的方向性、显著性以及变量间的直接效应、间接效应和总效应（见表 5-13 至表 5-19）。

表5-13　潜变量关系参数标准化估计值（直接影响效应）

潜在变量间的关系	系数	检验样本		核实样本		总样本	
		标准化估计值	T值	标准化估计值	T值	标准化估计值	T值
POS→PCB	$\lambda_{1,1}$	-0.04	-1.57	0.11	-1.46	-0.01	-1.49
POS→PsyCap	$\lambda_{2,1}$	0.32	4.81	0.49	4.30	0.14	8.31
POS→STA	$\lambda_{3,1}$	0.24	4.58	0.26	8.01	0.25	3.88
POS→ES	$\lambda_{4,1}$	0.75	4.56	0.22	9.1	0.48	4.90
POS→OCB	$\lambda_{5,1}$	0.18	1.03	0.26	1.34	0.26	1.43
POS→AB	$\lambda_{6,1}$	-0.27	-0.33	-0.09	-0.95	-0.59	-1.05
PCB→PsyCap	$\eta_{2,1}$	-0.21	-6.7	-0.12	-1.41	-0.22	-9.1
PCB→STA	$\eta_{3,1}$	-0.27	-6.10	-0.36	-8.4	-0.12	-3.6
PCB→ES	$\eta_{4,1}$	-0.29	-7.01	-0.36	-10.08	-0.04	-3.87
PCB→OCB	$\eta_{5,1}$	-0.27	-1.95	-0.61	-1.38	-0.20	-1.26
PCB→AB	$\eta_{6,1}$	0.18	0.96	0.26	1.04	0.05	0.90
PsyCap→STA	$\eta_{3,2}$	0.17	6.07	0.47	9.4	0.01	2.44
PsyCap→ES	$\eta_{4,2}$	0.25	5.3	0.51	3.94	0.31	4.22
PsyCap→OCB	$\eta_{5,2}$	0.21	1.16	0.25	3.22	0.105	8.14
PsyCap→AB	$\eta_{6,2}$	-0.11	-3.98	-0.62	-5.2	-0.22	-3.49
ES→STA	$\eta_{3,4}$	0.23	7.82	0.38	8.90	0.41	3.65
ES→OCB	$\eta_{4,4}$	0.17	3.25	0.36	11.45	0.14	4.98

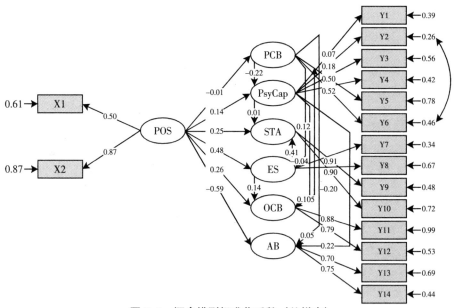

图5-1　概念模型标准化系数（总样本）

表 5-14 总效应（检验样本）

变量	标准化系数/T 值						
	POS	PCB	PsyCap	STA	ES	OCB	AB
PCB	−0.040/−1.57						
PsyCap	0.328/5.32	−0.210/−6.7					
STA	0.501/3.79	−0.385/−3.19	0.228/8.08		0.230/7.82		
ES	0.844/4.55	−0.343/−4.43	0.250/5.3				
OCB	0.403/2.15	−0.372/−1.77	0.253/2.52		0.170/3.25		
AB	−0.313/−1.47	0.203/1.90	−0.110/−0.98				

表 5-15 间接效应（检验样本）

变量	标准化系数/T 值						
	POS	PCB	PsyCap	STA	ES	OCB	AB
PCB							
PsyCap	0.008/0.91						
STA	0.261/5.40	−0.115/−0.21	0.058/2.41				
ES	0.094/4.91	−0.053/0.38					
OCB	0.223/1.00	−0.102/−1.30	0.043/2.10				
AB	−0.043/−1.33	0.023/1.10					

表 5-16 总效应（核实样本）

变量	标准化系数/T 值						
	POS	PCB	PsyCap	STA	ES	OCB	AB
PCB	0.110/1.46						
PsyCap	0.477/3.85	−0.120/−1.41					
STA	0.615/4.99	−0.579/−3.18	0.684/10.91		0.380/8.90		
ES	0.424/2.93	−0.421/−4.45	0.510/3.94				
OCB	0.465/1.35	0.792/−0.32	0.434/6.39		0.360/11.45		
AB	0.357/−0.71	0.333/0.55	−0.620/−5.2				

表 5-17 间接效应（核实样本）

变量	标准化系数/T 值						
	POS	PCB	PsyCap	STA	ES	OCB	AB
PCB							
PsyCap	0.013/0.68						
STA	0.355/4.80	−0.219/−1.73	0.194/1.04				
ES	0.204/5.85	−0.061/−1.45					
OCB	0.205/1.03	−0.182/−2.13	0.184/4.33				
AB	−0.267/−0.91	0.074/1.51					

表 5-18 总效应（总样本）

变量	标准化系数/T 值						
	POS	PCB	PsyCap	STA	ES	OCB	AB
PCB	0.010/−1.49						
PsyCap	0.142/3.32	0.220/−9.1					
STA	0.468/3.79	0.167/−3.19	0.137/3.08		0.410/3.65		
ES	0.525/4.55	0.108/−4.43	0.310/4.22				
OCB	0.350/2.15	−0.238/−1.77	0.148/2.52		0.140/4.98		
AB	−0.622/−4.47	0.098/1.90	0.220/−3.49				

表 5-19 间接效应（总样本）

变量	标准化系数/T 值						
	POS	PCB	PsyCap	STA	ES	OCB	AB
PCB							
PsyCap	0.002/0.91						
STA	0.218/3.96	−0.047/0.84	0.127/0.92				
ES	0.045/0.39	−0.068/0.38					
OCB	0.090/2.04	−0.038/0.67	0.043/2.45				
AB	−0.032/−1.13	0.048/0.88					

5.3.3 心理资本的影响效应分析

结合表 5-12 至表 5-19 的检验结果，PsyCap 对其他变量影响效应如下：

5.3.3.1 PsyCap 的直接影响效应

在三个样本中，PsyCap 对留职意愿、员工满意及缺勤行为的直接影响在 0.05 的水平上都是显著的（见表 5-13）。而 PsyCap 对员工组织公民行为的直接影响得到了样本 2 与样本 3 的支持，没有得到样本 1 的支持。

5.3.3.2 PsyCap 的间接影响效应

PsyCap 不仅对员工态度与行为产生直接影响，而且还通过员工满意度（ES）对它们产生间接影响，例如，PsyCap 通过 ES 对 STA（系数 0.41；T=3.65）及 OCB（系数 0.14；T=4.98）产生间接显著的影响（见表 5-15、表 5-17 和表 5-19）。

5.3.3.3 PsyCap 的中介影响效应

PsyCap 在 POS 和 PCB 对员工态度与行为影响中还起到中介效应。

首先是 PsyCap 在 POS 对员工态度与行为影响中的中介效应：

完全中介效应：POS 对 OCB 与 AB 的直接影响并不显著，而对 OCB 与 AB 的影响（间接）是全部通过 PsyCap 这个中介因素实现的。

部分中介效应：POS 对员工留职意愿、满意度有直接的影响，而且它还通过 PsyCap 对它们产生另外的影响，也就是说，PsyCap 部分中介了 POS 对员工留职意愿与满意度的影响。

其次是 PsyCap 在 PCB 对员工态度与行为影响中的中介作用：

完全中介效应：PCB 对 OCB 与 AB 的直接影响不显著，而它对 OCB 与 AB 的影响（间接）也是全部通过 PsyCap 这个中介因素实现的。

部分中介效应：PCB 对员工留职意愿、满意度有直接的影响，而且它还通过 PsyCap 对它们产生另外的影响，也就是说，PsyCap 部分中介了 PCB 对员工留职意愿与满意度的影响。

当然，这种中介效应在 PCB 对 PsyCap 直接影响成立的情况下才能实现，也就是说只有在样本 1 和样本 3 中得到支持，在样本 2 中 PCB 对 PsyCap 的直接影响并不显著。

通过以上分析可知，PsyCap 不仅对接待业员工的态度与行为有直接效应，而且有间接和中介效应，这是对以往 PsyCap 直接影响效应研究的有益补充。让人感到高兴的是，虽然 PsyCap 对 OCB（组织公民行为）的直接效应在样本 1 中不显著，但是 PsyCap 对 OCB 影响的总效应却是显著的，这说明 PsyCap 通过中介变量（员工满意等变量）对 OCB 的影响是很重要的。此外，PsyCap 还能中介 PCB（员工心理契约违背）对员工态度与行为的影响效应，这对接待业人力资源管理实践具有一定的意义。

5.4 心理资本及其维度对员工满意度影响差异分析

Luthans（2005，2006，2007）研究还发现，PsyCap 整体与其维度（自信、希望、乐观、坚韧）对员工自我评价及领导评价的工作绩效的影响程度并不相同，也就是说，PsyCap 对员工工作绩效的影响要大于其任何一个维度对员工工作绩效的影响。这一结论也得到了中国学者仲理峰的证实（2007a）。这自然使人猜想，PsyCap 整体与其维度（自信、希望、乐观、坚韧）对员工态度与行为的影响程度是否也不相同呢？如果不同，哪一个影响更大？以下就对这一猜想进行研究。为了使研究简单明了，特选择满意度作为一个例证来分析 PsyCap 整体及其维度对它的不同影响。

为了检验 PsyCap 及其维度对员工满意度影响，首先考察 PsyCap 及单个维度与员工满意度的相关关系（总样本），表 5-20 显示，PsyCap 与员工满意度显著相关，而四个维度与员工满意度的相关，有的显著，有的不显著。

其次，进一步检验 PsyCap 整体与单个维度对员工满意度影响，本书使用 Judge（2001）等采用的分析方法——增益分析法（Usefulness Analysis）。该方法能检验不同变量对一个因变量的不同影响程度，即控制已有变量对因变量的影响基础上，判断新变量能否对因变量产生显著的方差

表 5–20　PsyCap 及其维度对员工满意度相关系数

	CO	HO	RE	OP	PsyCap	SATISF
CO（自信）	1					
HO（希望）	0.728（**）	1				
RE（坚韧）	0.638（**）	0.704（**）	1			
OP（乐观）	0.404（**）	0.445（**）	0.447（**）	1		
PsyCap（心理资本）	0.826（**）	0.860（**）	0.831（**）	0.750（**）	1	
SATISF（员工满意度）	0.107	0.108（*）	0.106（*）	0.080	0.121（*）	1

注：** 表示在 0.01 水平，* 表示在 0.05 水平上是显著的（2–tailed）。

贡献。具体地讲就是，分析整体 PsyCap 及其四维度与对满意度增益（效用）贡献的大小，并比较 PsyCap 是否比其维度对员工满意度有更多的增加效用。

在增益分析中，PsyCap 四个维度首先进入回归方程来预测效标变量，接下来 PsyCap 进入回归方程来确定复相关值（R）的增加量（ΔR）。而后再把这一回归过程倒过来：首先让 PsyCap 进入回归方程，来计算满意度的效标变量，而后维度变量进入方程，求得 ΔR 值，结果见表 5–21。

表 5–21　增益分析

	SATISF（检验样本）	SATISF（核实样本）	SATISF（总样本）
1. CO	0.225**	0.23**	0.224**
2. PsyCap	0.02**	0.03**	0.04**
1. PsyCap	0.306**	0.201**	0.216**
2. CO	0.003	0.005	0.021
1. HO	0.204**	0.23**	0.30**
2. PsyCap	0.03**	0.08**	0.28**
1. PsyCap	0.206**	0.33**	0.46**
2. HO	0.001	0.00	0.05**
1. OP	0.224**	0.176	0.26**
2. PsyCap	0.13**	0.18**	0.13**
1. PsyCap	0.336**	0.32**	0.36**
2. OP	0.002	0.03	0.006
1. RE	0.56**	0.21**	0.30**
2. PsyCap	0.02**	0.04**	0.09**

续表

	SATISF（检验样本）	SATISF（核实样本）	SATISF（总样本）
1. PsyCap	0.52**	0.25**	0.39**
2. RE	0.04**	0.007	0.04**

注：第1阶段项目是复相关值（R）；第2阶段的数是复相关值的改变量（ΔR），代码含义同表5-19。

由表 5-21 可知，整体 PsyCap 比 PsyCap 单个维度与 ES 相关更趋一致性，三个样本中，PsyCap 增加的回归模型的复相关（Multiple）系数（ΔR）大于维度增加的回归模型复相关系数。从表中还可以看出，在三个样本中，PsyCap 对复相关值的增加大于其维度。只有少数几个维度增加的复相关值大于 PsyCap 对回归模型增加的复相关值（例如，在样本 1 中，坚韧与心理资本对满意度增益的比较），没有一致性。从整体来看，增益分析（Usefulness Analysis）证明了，PsyCap 比单个维度对员工满意度的影响更大。该结论的意义是，心理资本开发要从整体上提高员工的心理潜能，而不是只注重某一个方面（维度）的培养。

5.5 基于结构方程模型的接待业员工心理资本指数

根据结构方程模型分析结果（见表 5-12 中的总样本），员工 PsyCap（η_2）由四个标识变量组成（$y_1 \sim y_4$），以上先求出了它们的标准化系数（未归一化），再由它们间的回归方程可以得到：$\eta_2 = 0.132y_1 + 0.340y_2 + 0.245y_3 + 0.283y_4 + \varepsilon$。也就是说，员工 PsyCap 可表示为 4 个标识变量的线性组合，标识变量前面的标准化系数就是权重。有了以上的数据，采用百分制表示员工 PsyCap 指数（PCI，它是一个介于 0~100 之间的数值）：

$$PCI = \frac{E[PsyCap] - \min[PsyCap]}{\max[PsyCap] - \min[PsyCap]} \times 100$$

E［·］、min［·］和 max［·］分别代表员工 PsyCap 的平均值、最小值和最大值。其中最大值和最小值也可由员工 PsyCap 的标识变量来表示，即：

$$\min[PsyCap] = \sum_{i=1}^{n} \lambda_i \min[x_i]; \quad \max[PsyCap] = \sum_{i=1}^{n} \lambda_i \max[x_i]$$

其中，x_i 是员工 PsyCap 的标识变量（见表 5-12）；λ_i 表示权重；n 代表标识变量的数目。在本书中，标识变量的刻度为 1~7，员工 PsyCap 的标识变量数目为 4，因此，员工 PsyCap 指数也可表示为：

$$PCI = \frac{\sum_{i=1}^{4} \lambda_i \bar{x} - \sum_{i=1}^{4} \lambda_i}{6 \sum_{i=1}^{4} \lambda_i} \times 100$$

$$PCI = (0.132 \times 5.04 + 0.340 \times 4.98 + 0.245 \times 5.10 + 0.283 \times 5.01 - 1) \div 6 \times 100 = 67.09$$

从计算结果来看，我国接待业员工的心理资本指数水平不高。此外，从回归方程可以看出，"希望"水平的高低对员工心理资本水平的影响最大（相对权重为 0.340），因此，有必要加强对员工"希望"品质的培养。

5.6　心理资本对员工影响机理分析

5.6.1　心理资本对员工态度与行为影响机理分析

正如本书第 1 章所阐述，美国前任心理学会主席 Seligman（1998）首先提出要研究人们的积极心理现象，帮助人们过上更快乐、更积极健康的生活，这就是积极心理学（Positive Psychology）出现的原因。积极心理学主要研究三个方面的问题：一是积极情绪；二是积极的个性特征；三是积极的社会制度。可见积极情绪是积极心理学研究的一个首要问题。那么，什么是积极情绪呢？为什么说心理资本属于积极情绪呢？

关于积极情绪，Lazarus（1991）认为它是在目标实现过程中取得进步或得到他人积极评价时产生的感受；Davidson 等（1990）则认为积极情绪是与接近行为相伴随而产生的情绪；我国学者孟昭兰（1989）认为，积极情绪是与某种需要的满足相联系，通常伴随愉悦的主观体验，并能提高个体的行为积极性和活动能力。关于积极情绪的分类，Tomkisn（2004）认为积极情绪应包括兴趣与快乐；Lazarus（1991）则认为积极情绪包括愉快、希望和爱。积极情绪的著名研究者 Fredrickson（1998）认为，积极情绪包括快乐、满足和爱。任俊（2006）等国内外积极心理学研究者在不同的研究中都明确地把自信（自我效能）、希望、乐观与坚韧（韧性）列入积极情绪体验的范畴之内。所以说，从本质上讲，心理资本是个体的一种积极情绪与心理潜能，而正是这种积极情绪对员工的态度与行为产生了重要的影响。

5.6.1.1 积极情绪能产生态度与行为激励效应

研究表明，情绪是个体在不断进化过程中由于要适应环境而逐步产生的，特别是消极情绪的产生，是为了适应生存威胁的环境（郭小艳、王振宏，2007）。在进化过程中，消极情绪与特定行动趋势密切联系，例如，愤怒产生攻击欲求、恐惧产生逃离欲求、厌恶产生驱逐欲望等。但对于积极情绪，有的研究者认为它并不伴随特定的行动趋势，也有的研究者认为，积极情绪会产生一种一般的行动激励，即接近或趋近倾向。在积极情绪状态下，个体会保持趋近和探索新事物，愿意与周围人或环境主动沟通。Fredrickson（1998）进一步指出，积极情绪并不只具有一般的行为激励倾向，同时也与特定的行动倾向相联系，如快乐产生冲破限制、创新的愿望；兴趣产生探索、学习新知识的行为；自豪产生想与他人分享成功和求得在将来取得更大成就的愿望。正是这种积极情绪的行为激励动机，促使员工产生相应的态度与行为，如乐观的员工表现更多的满意（Luthans，2006）；充满希望而自信的员工会表现出良好的组织公民行为；自信的员工能产生成功愿望和为之努力的态度与行为。

5.6.1.2 积极情绪能扩大个体认知范围

Fredrickson（2001）提出了积极情绪扩展理论。该理论认为，积极情绪能扩大与加强个体的瞬间思维范围与程度。消极情绪则相反，缩小了个体的认知范围，使个体在这种情境下只产生某些特定的行为，动员个体身体能量应对特定的环境挑战。而积极情绪却能在一般条件下促使个体冲破一定的限制而产生更多的思想，能够扩大个体的注意范围，增强认知灵活性，能够更新和扩展个体的认知范围。Isen（2002）等研究发现积极情绪能使个体产生更高的创造性，解决问题的效率也更高。积极情绪之所以能够促进个体的创造性和问题决策的效率，主要是因为积极情绪对于个体认知活动有三方面的影响：一是积极情绪为认知加工提供了额外的可利用的信息；二是积极情绪扩大了注意的范围，导致更综合的认知背景，增加了认知要素的广度；三是积极情绪增加了认知灵活性。具有积极情绪状态的个体思维更灵活、更开放，能够更快找到问题的解决办法。由于心理资本这种积极情绪影响到员工的认识与情感，使个体获得更多的社会资本与人力资本，而这些个体资源能帮助员工表现出高效率与高绩效，这就是心理资本对员工工作绩效产生正向影响的机理之所在。

5.6.2 心理资本及其维度对员工工作态度影响差异机理分析

增益分析说明 PsyCap 比其单个维度对员工满意度影响更大。不仅如此，仲理峰（2007a）等研究还发现，整体 PsyCap 对员工工作绩效的影响程度比 PsyCap 的单个维度的影响也更大。PsyCap 作为一个整体概念要比它的组成部分对员工绩效及满意度有更大的影响，原因是自信、希望、乐观、坚韧组织在一起，其协同激励效果将更加明显与增强。例如，乐观的自信要比单一的乐观或自信具有更大影响力与影响范围。PsyCap 四个维度都具有独特而共同的认知与情感加工过程，这一过程能使员工绩效得到改善。当把它们相互结合到一起时，这一认知与激励过程将得到强化。例如，把坚韧、乐观与自信及希望结合起来时，也会产生同样的"1＋1＞2"的效果。如果具有坚忍不拔的员工同时具备了自信与希望，那么他们会更加执着地追求目标并满怀信心的为之奋斗。这种结合能使他们在经历了困难之后变得更加坚强与自信。同样，乐观的员工用积极的视角思考问题，如果他们同时充满自信与希望，那么他们就会持之以恒地寻找不同的解决问题的方法。坚韧的员工能利用他们对挫折恢复力的能力，更容易从困境中摆脱出来，如果这样的员工还充满希望，那么他们就能找到解决问题的方法，靠他们战胜挑战的体验来进一步构造自信与乐观。所以，拥有较高心理资本的员工要比单拥有某一项心理资本潜能的员工更能通过情感激励及行为提升满意度与工作绩效。

总之，情绪状态能对员工的态度、行为及工作绩效产生重要影响。如果员工能够乐观、自信、快乐，那么这些正面、积极的情绪状态能使他们发挥最大的潜能，为企业创造更多的价值。

5.7 本章小结

本章在数据分析基础上，对概念模型本身及假设进行了检验。研究发现，心理资本对员工态度与行为的影响主要通过积极情绪的激发作用实现，其影响效应分为三类：直接效应、间接效应与中介效应；心理资本对员工满意度影响要大于其单一维度影响，并且我国接待业员工的心理资本指数较低。需要指出的是，并非所有的假设都得到数据支持。

6 研究结论及其应用

第 4 章和第 5 章分别对心理资本的结构、影响因素、影响效应、机理及概念模型中的假设进行了研究。研究结果表明，并非所有假设都得到数据支持，具体研究结论如下。

6.1 研究结论

6.1.1 心理资本结构及其影响因素研究结论

（1）在中国文化环境中，PsyCap 四维度模型具有较稳定的结构，即心理资本由自信、希望、乐观、坚韧四个维度构成。四个维度同属一个二阶因子——心理资本，而且，四维度间存在一定的因果关系。此外，本书心理资本的测量不同于国外的研究成果，主要体现在对"希望"维度的理解与测量上。

（2）影响心理资本的因素很多，如自身的生理与心理特征、家庭、社会、组织、社区，甚至是亚文化或整体文化环境，但是对员工心理资本影响最大的因素是组织支持。

6.1.2 概念模型研究结论之一：全部支持的假设

概念模型中得到三个样本支持的假设称为全部支持假设。

（1）PsyCap 对 STA、ES 的直接正向影响，对 AB 的直接负向影响。结构方程模型分析结果表明，PsyCap 对 STA、ES 有直接正向影响，对 AB 有直接负向影响，影响系数显著不为 0。即心理资本水平越高的员工，其满意度、留职意愿也越高，而缺勤行为就越少。除此之外，PsyCap 还通过 ES 对 STA、OCB 产生间接影响，影响作用是显著的。

（2）POS 对 PsyCap、STA、ES 有直接正向影响，而且 POS 还通过 PsyCap 对 STA 及 ES 产生间接影响，也通过 ES 对 STA、OCB 产生间接影响，这说明 POS 对 STA 的影响是三重的，可见 POS 对员工留职意愿的重要影响。

（3）PCB 对 STA、ES 产生直接负向影响。在以往的研究中，PCB 对员工 STA 和 ES 的影响研究结论并不一致，而在接待业中，三个样本同时支持 PCB 对员工 STA 和 ES 产生显著的负向作用。

（4）ES 对 STA 和 OCB 产生直接正向影响。本研究结论在以往研究中具有普遍性，在接待业中也是适用的。

6.1.3 概念模型研究结论之二：部分支持的假设

部分支持的假设是指在三个样本中，有的样本支持该假设，而有的样本不支持该假设。部分支持的假设有以下几个：

（1）PsyCap 对 OCB 的直接正向影响。在过去不少研究中，都有 Psy-Cap 对 OCB 直接正向影响的结论，但是在本研究中，核实样本与总样本支持该假设，而检验样本不支持该假设。所以不能肯定地说，在接待业中 PsyCap 水平高的员工就能表现出更多的组织公民行为。

（2）PCB 对 PsyCap 的直接负向影响。这个假设只有检验样本和总样本在 0.05 水平下得到支持，核实样本没有支持这个假设。尽管如此，人们更倾向于接受这个假设，特别是在心理契约管理实践中。毕竟还是有两个样本支持该假设。

6.1.4 概念模型研究结论之三：没有支持的假设

没有支持的假设是指三个样本都没有支持的假设，具体表现为以下几种：

（1）POS 对 OCB 的直接正向影响，对 PCB、AB 的直接负向影响。研究结果表明，POS 不一定能降低员工的心理契约违背感，原因是 PCB 不仅受到组织的影响，而且还受员工自身条件的影响，它是一个双方承诺与付出均衡的结果，仅 POS 的改变并不能带来 PCB 的降低或提高。同样，由于在测量 AB 中用的是主动缺勤与被动缺勤，所以与 POS 的影响关系不大。

（2）PCB 对 OCB 有直接负向影响，对 AB 有直接正向影响。结构方程的检验说明，PCB 对 OCB、AB 的影响没有得到任何一个样本的支持，这说明在接待业中，员工有心理契约违背感不一定能得出员工利他行为少，或缺勤率高的结论。

（3）ES 对 AB 的直接负向影响。虽然在原概念模型中提出了该假设，但由于修正指数（MI）太大，并出现压迫变量的现象，所以在修正模型中去掉了这个假设。也就是说，样本没有支持 ES 显著直接负向影响 AB 的假设。

6.1.5 概念模型中没有涉及的关系

本研究中还有一些变量间没有检验它们之间的关系，如 STA 对 AB 的影响，OCB 与 AB 的关系，OCB 与 STA 的关系等，主要原因如下：

（1）没有理论基础。也就是说，没有以往的研究基础支持提出它们之间的相互关系假设，不能用数据去修正理论。

（2）变量间的修正指数及期望指数改变值不大。例如，虽然论文没有设定 STA 与 AB 之间的关系，但是它们之间的修正指数（MI）及期望指数改变值（EPS）都不大，MI 没有超过 3.84 的限度。根据 SEM 的理论，对这样潜变量之间的关系可以暂不考虑。

（3）根据 James 和 Gerbing（1998）提出的序列卡方差异检验法检验，它们之间的关系在本研究中不明显。例如，在概念模型设计的初期，论文提出了 ES 对 AB 的路径假设，但是在初步检验时发现，它们之间的关系十分不明显。又如，在预研究中也进行了 PCB 负向影响 POS 的试验，但是结果很不好：数据拟合极差，大部分变量间的关系出现混乱，而且影响其他潜变量间的修正指数（MI）。

（4）不是本研究的重点。对有些变量之间的关系没有进行研究（如 OCB 与 AB 的关系），完全不等于它们之间没有丝毫关系，或者说在其他样本中也没有这种关系，只是说它们的关系不是本研究的重点，没有系统探讨这些关系而已。以下是本研究所有假设的检验结果汇总（见表 6-1）。

表 6-1　所有假设检验结果

原假设	是否得到支持			备注
	检验样本	核实样本	总样本	
H1：在我国文化环境中，员工心理资本的四维度结构比较稳定，且它们同属一个高阶因子：心理资本	√ （探索样本）	√ （验证样本）		没有总样本
H2：四维度结构因子间相互影响：乐观对希望及自信有直接正向影响；希望对自信及坚韧有直接正向影响；自信对坚韧有直接正向影响		√ （验证样本）		
H3：POS 直接正向影响员工 PsyCap	√	√	√	
H4：POS 正向影响员工的留职意愿	√	√	√	
H5：POS 正向影响员工的满意度	√	√	√	
H6：POS 正向影响员工的组织公民行为	×	×	×	
H7：POS 负向影响员工的缺勤行为	×	×	×	
H8：POS 负向影响员工的心理契约违背	×	×	×	

原假设	是否得到支持			备注
	检验样本	核实样本	总样本	
H9：PCB 负向影响员工的留职意愿	√	√	√	
H10：PCB 负向影响员工的满意度	√	√	√	
H11：PCB 负向影响员工的组织公民行为	×	×	×	
H12：PCB 正向影响员工的缺勤行为	×	×	×	
H13：PCB 负向影响员工的 PsyCap	√	×	√	
H14：PsyCap 直接正向影响员工留职意愿	√	√	√	
H15：PsyCap 直接正向影响员工满意度	√	√	√	
H16：PsyCap 直接正向影响员工组织公民行为	×	√	√	
H17：PsyCap 直接反向影响员工缺勤行为	√	√	√	
H18：PsyCap 通过 ES 对 OCB、STA 与 AB 产生间接影响	√	√	√	ES 对 AB 没有间接影响（见 H21）
H19：PsyCap 在 PCB 及 POS 对员工态度与行为的影响中起到（部分或全部）中介作用	√	√	√	当 PCB 对 PsyCap 产生影响时
H20：ES 对员工留职意愿有直接正向影响	√	√	√	
H21：ES 对员工缺勤行为有直接负向影响	×	×	×	原概念模型
H22：ES 对员工组织公民行为有直接正向影响	√	√	√	

6.2 研究结论启示

6.2.1 心理资本对接待性企业人力资源管理重要性

接待业是情感密集型的企业，而不是技术密集型的企业，员工的劳动是一种情感性劳动，而 PsyCap 对这种情感性的劳动具有重要的影响，不仅直接影响员工的满意度、留职意愿，而且对它们具有间接与中介的影响效应。通过它能改变心理契约违背给员工态度与行为带来的负面影响程度，因此 PsyCap 对接待企业的人力资源管理具有重要意义。接待性企业面临的人力资源管理问题可以从 PsyCap 理论的视角去找寻答案。例如，接待业员工目前流失率很高，员工的人力资源管理成本增加，如何解决这一问题，PsyCap 的研究为我们提供了一种方法，那就是选拔、招聘心理资本水平较高的员工，对心理资本水平较低的员工进行心理干预，提高员工满意度与留职意愿。毕竟"只有快乐满意的员工，才有快乐满意的顾客"。

6.2.2　接待业员工企业支持感重要性

研究发现，组织支持（POS）不仅对员工态度与行为产生直接正向的影响，而且通过心理资本对它们产生影响；不仅影响了员工的心理资本，而且影响了员工的心理契约违背感（PCB）。员工感知中的企业支持会增加员工的归属感与满意度。Rhoades 和 Eisenberger（2002）认为，POS 能满足员工的情感需要，降低员工在工作中的心理压力，提升员工的积极情绪，使员工保持愉快的心情。情感支持，比如关注、认可和积极反馈，对绩效的影响最近也有了合理的解释，即这种影响是通过诸如自信之类的认知过程得以实现的。在现实生活中，大多数组织在技术培训和报酬体系上投以重资，却忽视了一项重要的资源——组织支持，特别是情感支持。感谢、赏识、正向反馈，不仅对员工的良好行为有强化作用，同时还有助于增强他们的自信。可以说，POS 是员工一切工作动力的来源，它对于增强员工留职意愿、提高员工满意度、减少接待业员工流失具有重要意义。

6.2.3　提升心理资本整体水平，改善接待业员工工作态度与行为

心理资本维度区分效度表明，每一项心理能力都增加了独特的方差，

进而成为整体心理资本的一部分。每个维度都是符合积极组织行为学标准的能力（自信、乐观、希望和韧性），它们之间相互作用与强化。例如，一个希望水平高的员工，也就是拥有实现目标所需要的"动机"与"方法"的人，在工作中克服困难的动力更强，也就更有能力去克服困难，因此也就更有韧性。同样，自信的员工也会把希望、乐观和韧性运用到他们某一特定工作任务中去。具备自信、希望和韧性的员工通过把对世界的认知理解为是自己可以控制的，进而有助于形成乐观的解释风格。实际上心理资本各因素之间的相互作用会产生很多积极的结果。心理资本是一个更高层次的核心概念，是很多符合积极组织行为学标准能力的集合体，并且这些能力不仅以累加的方式，而且会以协同的方式发挥作用。因此，对整体心理资本进行投资、开发和管理，将会对绩效和态度结果产生影响，并且这种影响会远远大于构成它的单个积极心理能力所产生的影响之和。换言之，心理资本整体作用大于各个部分对员工态度与行为的影响作用之和，因此心理资本的开发与管理要把重点放在整体心理资本的培养上，以此来改善接待业员工的态度与行为，提高顾客感知的服务质量。

6.2.4 利用心理资本的中介作用，降低心理契约违背给员工态度与行为带来的负面影响

本书研究结论说明，心理契约违背对员工态度与行为影响，特别是对员工行为的影响是通过 PsyCap 的中介效应来完成的。这也说明，PsyCap 在员工心理契约违背与其行为的关系间起到一种心理纽带作用。当企业由于客观原因或主观原因违背心理契约时，员工会产生心理契约破坏感，其态度与行为也会受到负面影响。如果员工 PsyCap 水平较高，那么心理契约违背产生的不良影响则可以被中介掉。它对接待业人力资源管理的实践意义是：管理者可以通过采取有效措施来改善员工的

PsyCap 水平，从而减少心理契约破坏感带来的负面影响。也就是说，在心理契约破坏感发生的情况下，企业管理者要通过有效的人力资源管理措施给予员工足够的心理关怀和组织支持，以此来提高员工的 PsyCap 水平，把员工因心理契约违背对工作态度和行为带来的不良影响降到最小。

6.2.5 接待业人力资源管理要转变员工招聘与管理人员选拔方式

心理资本对接待业员工的态度与行为能产生重要影响，然而，目前不少接待企业把"年轻美貌"作为主要招聘条件，甚至是决定性条件（吴清津，2004）。他们只考虑应聘者年龄、身高、容貌、体形，而不考核员工是否具有良好的心理资本，是否适合从事接待业这个情感密集型的工作。在西方国家，目前与传统企业招聘和选拔重视员工的学历与经验相比，基于心理资本的员工招聘与选拔更倾向于考察员工的心理资本与情绪智力。特别是在接待业中，人才的选拔与提升更要充分考核其心理资本的水平，而不仅仅是学历或工龄。Luthans（2006）的研究也表明，领导的心理资本水平不仅与其本人的工作绩效正相关，而且会对下属产生"传染"效应——影响下属的 PsyCap 水平，甚至影响员工工作绩效。此外，根据本文的研究结论，男性员工与女性员工、26 岁以上与 26 岁以下员工 PsyCap 无显著差异，即性别与年龄对员工 PsyCap 水平的影响不大。这给接待性企业管理带来了一个新的启示：为降低员工流失率，企业在用人时不应过分注重性别与年龄。我国多数接待性企业用人时要求职工年轻漂亮，要知道年轻员工给企业带来的人力成本可能性较大，因为他们心态不稳定，对自己的认识不足，容易产生不满意情绪，乃至"跳槽"。所以，建议企业在同等能力的人群中选拔人才时应消除性别与年龄歧视。

6.2.6　改变接待性企业员工培训与考核内容

从理论上讲，个体的积极心理资本是可以开发、管理和培育的，如果能够在心理资本开发过程中，有针对性地进行培训干预，就能起到良好的作用。与传统人力资源管理重视知识与技能的培训相比，现代企业更注意培育员工积极体验、良好品质与乐观向上的心理。例如，美国快递财务顾问公司（American Express Financial Advisors）将"乐观主义"纳入员工培训内容。蓝盾公司（Blue Cross Blue Shield）和香港电信公司也把情绪智力（EI）作为培训与咨询内容，培养员工处涉及剧烈情绪与工作情境变化的良好心态（Luthans，2002）。雅芳公司更是用情感能力测试来评估员工和培训经理。另外，一些组织在制定绩效考评体系时，也把心理资本纳入绩效管理之中，强调员工之间、团队之间的合作，个人绩效与团体绩效的协调。所以，我国接待性企业也应该把心理资本的相关理论作为培训的主要内容。

6.2.7　重视员工物质回报，使员工在工作岗位上实现自我价值

神经网络研究结论说明，组织支持、经济因素、员工自我价值实现是影响员工心理资本水平的重要因素，加之我国接待业员工的收入普遍较低，所以企业要重视员工的物质回报与福利待遇，为员工提供更多的支持，包括物质支持与情感支持。例如，为优秀员工多提供外出培训、参与管理的机会；在他们遇到困难时提供必要的帮助。为员工提供职位循环的机会，使他们在新的工作岗位上学习新的知识，激发工作动力。同时激励晋升、任人唯贤，让员工感到在工作岗位上能实现自我价值。

6.3 研究结论的应用
——员工心理资本开发与管理

既然心理资本（PsyCap）对接待业员工态度及行为有重要影响，如何通过开发 PsyCap 来改善员工态度与行为，提高接待性企业绩效与竞争力呢？以下从员工招聘、PsyCap 培育等方面，结合我国接待业的特点，论述员工心理资本的开发与管理。

6.3.1 招聘与选拔心理资本水平较高员工

自从 PsyCap 概念提出后，国外许多服务企业都希望通过 PsyCap 的测量量表，有效地招聘与选拔适合自己企业特征的员工，节省人力资源管理成本。接待性企业是服务性企业，要求员工能敏锐地觉察并理解客人的感受与需要，并能与客人融洽地交往与互动，克服负面的情绪冲动与不良影响。因此，要特别招聘与选拔 PsyCap 水平较高的员工。与传统企业在招聘与选拔中重视人力资本（如学历与经验）相比，现代接待性企业倾向于考察员工的心理资本，特别是情绪智力。例如，乐观主义就被用于人才的选拔中，麦当劳快餐人力资源总监认为，本企业要雇用乐观、热情、能兴奋、有精力的人，而不是只有学历与经验的人（Luthans，2002）。美国西南航空公司也只雇用那些有非常积极人格特点的员工，其公司创办者赫布·凯莱赫索说："我们需要那些带着笑容与善意把工作干好的员工（Luthans，2003）"。所以，接待性企业可以利用积极心理学家与盖洛普基金会合作共同编制的测量个人积极品质的量表——心理健康的源泉（Wellsprings）（Seligman，2003）来定量分析应聘者的 PsyCap 水平，选择自己需要的人才。这是第一个专门用来测量个体、集体甚至一个国家全体民众积极心理品质的量表，它由 107 个条目组成，目前这一量表成为了积极心理学实证研究最重要的工具之一。此外，为特定工作雇用具有某种心理潜能的员工在接待业中也有一定意义。如导游与酒店前厅接待员、客房服务员应该具有不同的积极品质，在这些人员的招聘中，评估应聘者的乐观与自信品质就很有价值。总之，在接待业中招聘与选拔 PsyCap 水平较高的员工有助于提高顾客感知的服务质量，提高企业的经营效益。

6.3.2　利用心理资本维度开发，提升接待业员工积极心理潜能

从理论上讲，个体的心理资本是可以开发、培育和管理的，而PsyCap 有四个维度——自信、希望、乐观和坚韧，所以首先探讨 PsyCap四个维度的开发。

6.3.2.1　培养员工自信心

（1）利用成功的体验与熟练的技能提高员工自信心。拥有实践经验，特别是成功的经历是形成自信的重要的因素。心理学家 Bandura（1997）指出，拥有实践经验，成功的体验和熟练的技能可以培养员工在困境中坚持不懈的特征与自信。Luthans（2006）也指出，开发信心和自信最可靠的方法就是在某项任务执行过程中经过努力，掌握相关的技能，并反复体验成功。成功体验不仅能增强自信心，反过来还能促使个体投入更多的努力去提高绩效和取得更大的成功。但是，这并不是说没有成功体验或熟练技能的人心理资本水平一定低。另外，为员工设定目标要有一定的挑战性，轻而易举取得的成功并不能提高员工的自信心。有些方法可以帮助员工拥有熟练掌握技能的体验，并让他们的信心随时间增强。例如，企业管理者在安排工作时可以把一项复杂的任务分解成若干部分，并且教给员工所需的工作技能，使员工体验到进步与成功，然后逐步增

加任务和技能的难度，并且让员工在每一步都有练习和掌握的机会，这样能帮助他们增强自信。另外，在岗位安排时，最好安排员工在他们熟练的岗位，或有工作经历的岗位，这就意味着把他们放在熟悉的工作环境中，有更好的机会去体验工作的顺利与个人的进步。在接待性企业中，多数岗位并不需要特别复杂的工作技能，因此利用成功的体验与熟练的技能提高员工的自信心完全是可能的。例如，可能通过工作模拟与示范、实习、在职培训等方法使员工熟悉所要从事的岗位与技能，增强完成工作任务的自信心。

（2）让员工通过学习与模仿他人提升自信水平。利用直接体验成功的方法虽然对增强个体自信很有帮助，但是有时很难实现。企业不妨通过成功的榜样或示范来提高员工的自信心。Bandura（1997）指出："如果人们看到跟自己相似的人通过持续的努力获得成功，那么他们就会相信，自己也有能力成功——你行我也行。"榜样或示范者与员工人口统计特征越相似（如年龄、性别、受教育程度、工作岗位、生活经历等），工作任务的关联性越大，那么他对员工的影响也越大。所以，企业可以安排优秀员工（被 Luthans 等称为同事导师（Peer-mentors））进行示范讲解，可能比学识渊博但高不可攀的管理人员、专业培训师或有名的外部顾问进行培训更能有效增强员工的自信。因为，同事往往被认为在背景、能力和职业目标上与自己更相似，学习同事导师是如何开展工作的，感受他们的成功，就能产生"如果他们能做到，我也能做到"的示范效应，从而提高普通员工的自信水平。

在我国的接待业中，员工的培训工作多是流于形式，往往是人力资源管理部门在一年中，邀请大专院校的教授或是行业的老总进行一番理论或实践的说教，很少利用自己企业的"成功者"对员工进行示范性培训。因此，接待性企业可以通过"身边的榜样"，让员工通过学习与模仿他人来提升自身的自信水平。

（3）通过积极评价提高员工自信水平。每个人都希望得到别人的肯定与承认，企业对员工进行积极的评价或反馈往往能使员工感到信心倍增。相反，消极反馈（如"你做不到"），甚至管理者的负面态度，或非语言的手势，都可能对情感脆弱的员工情绪与自信感产生很大的影响。如果管理者能广泛接触一线员工，采取切实行动帮助员工建立起获取成功或避免失败的能力，那么积极反馈就会成为建立自信的一种有效选择。当员工在工作中开始感到举步维艰或怀疑自己能力的时候，如果能听到别人，特别是管理者的赞同（也就是对你有信心）和积极反馈时，他就会把自我怀疑转变为自信。20多年实证研究有力证明，及时与恰当地运用积极评价与反馈能够提高员工的绩效，有时甚至超过了物质奖励或其他的激励方法所带来的影响（Stajkovic & Luthans，1997，2003）。这种非金钱化积极评价是通过培养员工诸如自信之类的认识过程，然后再由这类积极的心理潜能影响到员工的绩效。在接待性企业中，多数管理者重视技术培训与报酬管理体系，忽视另一项数量无限而又没有成本的资源——多对员工进行积极反馈，感谢与赏识员工的工作、能力与贡献，这不仅对员工的行为有正向强化作用，同时也能增强员工的自信心。

（4）让员工保持健康的心理与生理。根据前面的研究结论，虽然身心健康对员工心理资本水平的影响不是很大，但它却是培养自信的基础。心理学的研究表明，良好的身心健康状况能使个体感受到更多的幸福与快乐（Carr，2004），对人的认知过程和情绪状况（如自信与期望）都有积极影响。相反，疾病、疲劳、抑郁与孤独则会对个体的心理产生消极影响。如果一个人有严重的生理或心理疾病，那么他的自信心会急剧降低或者变为零，也就是说，真正遭受心理或者生理痛苦的人很少或者根本没有信心，相反，往往会觉得绝望、无助和悲观，甚至可能会选择放弃。而健康的身心状态能激发人的敏锐观察，提高自我调节与自我控制等认知加工能力。这一过程能支持与维持个体自信心的提升。尽管企业很难控制员工的情感、心理和生理健康，但至少可以通过一系列的管理措施对员工身心健康进行引导。如通过制定身体锻炼与心理咨询项目、员工援助计划等帮助员工在充满压力的工作环境中保持身心健康。

目前，我国接待业员工在与客人，特别是与外国客人交往时有时表现出不自信，这不仅仅是社会背景、受教育程度与收入的差异，更多的是一种心理状态和对自身角色迷茫的表现。希望在不久的将来，中国接待业员工能以一种自信与平等的姿态出现在客人面前。

6.3.2.2　如何让员工充满希望

（1）设定合适的目标。根据心理学家（Snyder，2001）对希望的研究，可以从目标设计角度培养个体的希望水平，具体而言包括三个方面：一是帮助员工设定合适的目标；二是锻炼员工克服困难的意志力；三是激发员工寻找实现目标的途径与应对困难的策略。合适的目标设定不仅会影响员工的动机水平、努力程度和坚持不懈的韧性，也会影响其为实现目标而寻找创造性途径的意愿和能力。首先，员工的目标应该有弹性，它有益于开发与培育充满希望的思维。其次，目标应该是具体的、可测量的、有挑战性的但又是可实现的。弹性目标有足够的难度，可以激发员工的探索精神和对成功的期望。最后，目标可以分步完成。要想实现充满希望的目标，分步实施必不可少，在分步实施过程中，困难的、长期的甚至是让人生畏的目标被分解成更容易实现的小目标，这样能锻炼员工克服困难的意志。由于能向较远的目标逐渐前进，员工在这个过程中能学会寻找实现目标的途径与应对困难的策略，从而为他们的成功打下坚实的基础。

（2）员工授权与参与管理。研究证明，自下而上的决策和沟通、员工授权（Employee Empowerment）和参与能使员工在遇到问题时看到解决的希望。在接待业中，员工随时可能面对突如其来的问题，解决这些问题往往需要一定的处置权利。因此，员工渴望在工作中有更大的决策权，但是企业管理层没有给他们下放足够的权力，使得他们无法在更广阔的空间发挥才能，增加希望。所以，接待业的管理者应该对有能力的员工充分授权，让员工对自己的企业充满希望。这样可以更好地利用人力资源，使人才为企业的发展做出更大的贡献。另外，"员工参与"在培育希望方面也有重要作用，管理参与为员工制定决策和做出选择提供自由和主动权，即让员工有工作的动因。这样能鼓励他们去探索和实施自己设计的行动计划，也就是寻找途径。动因和途径是希望的两个维度，如果能在这两个方面得到提高，那么员工的希望水平也一定能得到提升。

（3）组织支持。结构方程模型及人工神经网络（ANN）的定量分析说明，组织支持对员工 PsyCap 影响是显著的，而且是最重要的影响因素之一。任何企业都拥有一定的资源，当员工需要时，给予资源上的支持是培养员工希望的重要因素。在员工努力实现目标的过程中，遇到障碍而失望常常是不可避免的。因此，让员工在遇到困难时有解决问题的途径就变得至关重要，而寻找这种途径往往需要组织的支持。如果员工无法获得必需的资源，找不到解决困难的途径，最终将导致失望和灰心丧气。除了物质资源以外，管理者的情感支持也是不可或缺的隐性资源。没有管理者的支持，无论员工拥有多大意志力和好的途径，重要的目标都很难实现。事实上，在缺少自上而下的组织支持的环境中，员工越是充满希望，挫折感可能就会越强。所以，要对员工希望形成的动因和解决问题的途径进行开发，并根据每个人的才能和优势，仔细考虑这些人力资源的配置。从途径对希望培养的重要性来看，把员工安排在合适的位置上能够给他们提供更多的选择途径，这样，他们在工作上就更可能成功，希望水平也随之增强。

6.3.2.3　培育员工的乐观精神

（1）建立积极的解释风格。心理学家 Sligaman 和 Bandur（2001）认为，乐观既是特质类特征，也是状态类特征，因而乐观是相对稳定的，并且是可以开发的（例如，"后天学到的乐观"）。具体说，可以通过改变悲观的解释风格或者增强乐观的解释风格，提升员工的乐观水平。首先，在思想上让员工树立积极的信念，特别是在员工遇到打击、伤害时学会用积极的解释风格取代消极的解释风格——把积极的事件归因于自身的、持久性的和普遍性的原因，而把消极事件归于外部的、暂时的，与特定情景有关的原因。其次，在工作实践中，教给员工与客人相处的技巧，包括如何交流、做决定和自我放松。通过训练不仅让员工了解什么是乐观的方法，也使其学会如何利用积极的解释风格去处理一些工作问题，如与客人的争吵、工作意外或是亲人的病逝。

（2）学会包容过去、珍惜现在、着眼未来。Snyder（2001）列出了在工作环境中开发现实的乐观（与盲目的乐观相对应）的三种策略：包容过去、珍惜现在、着眼未来。包容过去并不代表推卸或逃避责任，而是对过去的事情一笑了之，并让自己去做有利于现在或将来的事情，并尽可能地从积极的角度看待工作中那些自己不可控的因素。珍惜现在就是让员工树立这样一种理念：当他们在面对失败或挫折时要做出积极乐观的理解，要从失败或挫折中汲取营养，寻找取得成功的机会，学会把个人挫败和挫折归于暂时原因，而不都是自己的不足，学会从自己的失败或挫折中吸取经验。

6.3.2.4　培养员工的坚韧品质

（1）正确处理危害韧性培养的因素。韧性是"一种可开发的能力，它是指从逆境、冲突和失败中，甚至是从积极事件、激动或与日俱增的责任中回弹或恢复过来的能力，这种能力是可以被开发的"（Luthans，2001）。但是有许多因素阻碍着个体韧性品质的培养，如失败、挫折等，对于这些因素，Masten 和 Reed（2002）认为要有积极的观点，即认为它们是挑战，也是机会，也就是说，开发韧性的方法强调对危害因素的管理。当员工遇到挫败与挫折，管理者可以让个体将新的危害因素看成是自己从困境中复原、超越自己的机会。采用这种策略，通过员工适当的韧性资本，尤其是社会资本，如朋友的关心、企业的支持、社会的帮助，往往可以把威胁转变为机会。在这个过程中，员工的韧性品质也得到锻炼。

（2）利用人力资本与社会资本提升员工韧性。在对韧性品质的长期研究后，Wolin 等（2005）指出，可以利用人力资本与社会资本增加员工的这种积极心理潜能。他们还发现，人力资本与社会资本水平高的员工在工作中能表现出更多的韧性。人力资本就是一个人的教育程度、生活经验、知识结构、能力倾向等资源。社会资本就是一个人拥有的人际关系、社会交往与关系网络。人力资本，尤其是一些显性的知识、技能和能力可以通过传统的培训和开发得到学习和增强。人力资本的隐性部分，就是对组织具体的价值观、文化、结构、战略和运营过程等有深入理解。它可以通过一定方式开发，如导师制和工作轮换等。社会资本可以通过真诚沟通、建立信任、反馈和认可、团队合作等措施来开发。人力资本和社会资本是个体战胜困难、坚持不懈的最大动力。经历痛苦、折磨甚至失败的人，如果能恰当利用社会资本与自身资源重新振作起来，那么他的坚韧性往往会得到极大的锻炼。

6.3.3 提升员工的整体心理资本水平

根据已有研究结论，整体 PsyCap 要比其单个维度（包含自信、希望、乐观、坚韧）对员工的满意度及绩效影响更大。这在理论与操作层面给企业一个有益的提示，即通过培养整体 PsyCap 来改善员工态度、行为与工作绩效。例如，一个自信而又充满希望的员工，不仅能接受挑战并努力去实现目标，而且能分解目标和找到实现目标的路径，预测困难，战胜困难而取得成功。因此，他就有更好的表现与更高的满意度。同样，如果这样的员工同时具有乐观或韧性，那么在工作中他们会更加主动与热情，更容易从挫折中恢复过来。可见从整体上开发 PsyCap 更重要。本文从以下几方面来论述如何提升员工的整体 PsyCap 水平。

6.3.3.1　开展员工援助项目

在国外人力资源管理中，员工援助计划（Employee Assistance Program，EAP）是近年来比较流行的一种人力资源管理方法。它是指企业为员工设计一整套系统的福利与支持项目，旨在帮助员工解决各种心理与行为问题，提高员工工作绩效，改善组织气氛和管理。EAP 是帮助员工克服工作压力与心理困难的有效工具。员工整体心理资本提升是一个系统工程，它要求员工在自信、希望、乐观、韧性水平等心理潜能同时螺旋式上升。而 EPA 项目是企业通过专业人员对员工心理特征进行诊断，根据需要提供专业指导、咨询与培训，使员工缓解工作压力、增进积极情绪，进而增强自信心。EAP 是一种综合性服务，解决的核心问题是缓解员工的身心压力，增进员工积极工作与身心健康。EAP 被称为"企业与员工的情绪润滑剂"（余玲艳，2007），因此能提高员工的整体心理资本水平。

6.3.3.2　开展员工心理资本干预与培训计划

Luthans 等（2003，2005，2006，2007）对开发整体 PsyCap，帮助员工树立希望、培养乐观精神、提升自信心和增强自我恢复力提出了一整套极具操作性的措施，为企业心理资本开发提供了很好的思路，特别是心理资本干预计划的实施对提升员工整体心理资本水平大有益处。Luthans（2005）认为，如果一个员工已经出现了心理资本危机，例如，严重缺勤、与客户发生冲突、情绪低落等，那么就要对其进行心理资本干预（Psychological Capital Intervention，PCI）。PCI 是指通过对个体心理资本存量与质量进行干预，提升员工整体 PsyCap 水平以及产生积极效应的计划。Luthans 还提出了著名的心理资本干预模型（见图 6-1），并通过实证研究验证了该模型的有效性。开展员工心理资本干预计划要与员工培训结合起来。在接待业中，培训往往只是重视技能的培训，而忽视员工积极心理品质的提高。单向而没有互动的培训方式常常会降低员工的参与热情。以技能为导向的培训仅仅传授标准的技术知识和具体的任务信息，虽然有时是必要的，但也有局限性。相反，以提升员工整体心理资本为目标的培训方式应该是参与式的、互动式的、分享式的。在开展员工心理资本干预与培训中，要特别强调员工的自我意识、自我调节、自我评价和自我开发，在自愿的条件下开展这项计划。

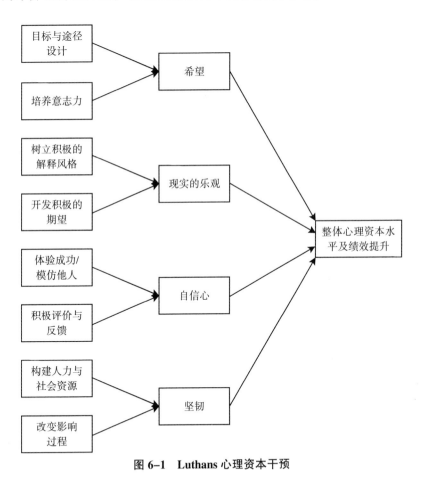

图 6-1 Luthans 心理资本干预

6.3.3.3 建立企业规范要求与员工个性化服务相结合的工作模式

规范要求与个性化相结合的工作模式也是一种为员工创造良好工作

环境、增加员工生理或心理幸福感的工作规划，具体指员工的工作任务是统一规范的，而在实现这些任务时管理人员或管理部门为员工留下一定的自我决定余地，如让员工自己决定实现任务的方式与方法等（任俊，2006）。接待行业要求员工规范化与个性化服务相结合。所谓规范化服务，是指满足所有客人重复的、有规律性的基本要求，规范化服务标准必须具有科学性和严密性；个性化服务是指满足不同客人偶然的、个别的特殊要求。针对这种情况，在接待行业中建立企业规范要求与员工个性化相结合的工作新模式十分重要。例如，如果对员工的规范要求很高，相应地，员工对工作的自控性也应较高，这种工作状态被称为主动型工作。主动型工作能促使员工积极寻找良好的工作策略和挑战性的工作情景来提升自己对工作的控制，在这个过程中员工能有更多的机会获得新的知识和提高自己的技能，而且，随着员工不断地主动学习，其自信心与希望水平就会得到增强。所以，对接待业人力资源管理者而言，给每一个员工提供足够的外在支持，同时营造一种良好的集体氛围，从而使他们都能获得主动型工作状态，有助于员工提高心理资本水平。

6.3.3.4　建立积极工作制度，提高员工心理资本水平

研究者把能增强员工满意度的制度称为积极工作制度，并认为积极工作制度能促进员工心理潜能的开发（Luthans，2004）。那么如何测量一项制度是否具有积极意义呢？心理学家与盖洛普公司共同编制了工作场所调查表（Gallup Workplace Audit，GWA）来测量工作制度是否具有积极性（Harter et al.，2003）。

积极工作制度测量就是测量员工在这样的工作制度下能否产生积极的工作体验，而要产生积极的工作体验关键是员工的需求要得到满足。根据任俊（2006）的研究，员工在工作中有四种基本的要求：一是对工作基本设施的需要和对成功的需要；二是体现自身价值的需要；三是参与和归属感的需要；四是进步与发展的需要。对积极工作制度的测量主

表6-2 盖洛普工作制度调查

问 题	1. 绝对不同意；2. 不同意；3. 无所谓；4. 同意；5. 绝对同意；6. 不知道					
1. 我知道自己在工作中期望什么	1	2	3	4	5	6
2. 我有足够的条件来做好我的工作	1	2	3	4	5	6
3. 工作中，我每天都有机会把工作做到最好	1	2	3	4	5	6
4. 我常常因为工作做得好，而得到肯定与赞扬	1	2	3	4	5	6
5. 我的领导或同事总是在工作中关心我	1	2	3	4	5	6
6. 总有人在工作中鼓励我的进步	1	2	3	4	5	6
7. 工作中，我的意见总能被听取	1	2	3	4	5	6
8. 对企业来说，我的工作比较重要	1	2	3	4	5	6
9. 我的同事工作也很出色	1	2	3	4	5	6
10. 我在工作中有好朋友	1	2	3	4	5	6
11. 我在工作中学到了新东西	1	2	3	4	5	6
12. 我在工作中取得了一定的成绩	1	2	3	4	5	6

注：50分以上为较高得分；36分以下为较低得分。

要从以上四个方面设计与实施。如果以上四个方面能得到基本满足，员工就会产生积极情感。GWA有12个问题，每个问题有6个不同程度的反映：1表示绝对不同意；2表示不同意；3表示无所谓；4表示同意；5表示绝对同意；6表示不知道。选择第1个答案得1分；选择第2个答案得2分，以此类推，选6不得分，如果大部分员工得分较高（50分以上），说明企业的工作制度是积极的，相反（36分以下），表示企业的工作制度在积极性方面需要改进。

6.3.3.5 定期测评员工心理资本水平

关于自信（Bandura，2003）、希望（Synder，2001）、乐观（Sligman，2000）、坚韧（Masten，Reed，2002）的测量量表目前已经比较成熟，可以利用它们对员工的这四种心理潜能进行测评。同时，也可以利用本研究编制的整体心理资本量表对员工整体心理资本水平进行定期测量，比较它的变化趋势，做好PsyCap开发与管理工作，提高员工的工作绩效。

总之，在接待性企业中，可通过岗位轮换提高员工多样性技能，通过管理授权提高员工工作的自主性，通过增加员工工作反馈的次数，提升他们的责任感。因为员工面对的是一个个需要各异、性格各异的客人，只有增加他们在工作中的自由度，如工作进度、工作方法等，才能发挥员工的个人创造性，为客人提供个性化服务，同时体验到满足的快乐，从而提升整体心理资本水平。

6.4　本章小结

本章阐述了本研究结论、意义及应用。研究结论说明，PsyCap 对接待企业人力资源管理、改善接待业员工态度与行为具有重要意义，因此，企业要加强对员工的支持，转变员工招聘与选拔模式，重视员工物质回报，消除性别与年龄歧视，使员工能在工作岗位上实现自我价值。同时，还要通过开发策略来提升员工的 PsyCap 水平，提高接待性企业绩效与竞争力。

7 研究局限及后续研究展望

近几年，在接待业人力资源管理研究中，越来越多的研究者重视对员工情感劳动的探索。在实践中，接待业管理者更多地利用了心理资本等积极心理资源（Positive Psychological Resources）测量、开发的研究成果，转变人力资源管理模式，强化心理资本对员工的积极影响，提升顾客的感知服务质量，提高组织的竞争优势和整体绩效。正如 Luthans 等（2005）所指出的，心理资本超越了人力资本和社会资本，心理资本研究对全面、深入理解个体因素中的积极力量、提升组织的竞争优势，具有重要而深远的意义。

本书侧重 PsyCap 对接待业员工工作态度与行为的影响研究，在 PsyCap 结构、测评、影响因素、影响效应、机理和积极心理力量的开发管理方面进行了有益的探讨，对心理资本理论与实践问题做出了一定的贡献，但是本研究还存在一些局限。

7.1 研 究 局 限

7.1.1 数据准确性问题

在调查接待业员工相关数据时，为了节省成本，调查数据均为横截面数据（Sectional Data），而没有使用时间序列数据（Time Serial Data），这样虽然方便，但影响研究的准确性，导致在研究接待业员工心理资本的影响因素及其后向结果时，无法断定它们之间是否具有严格的因果关系。例如，在 PsyCap 及其维度对员工态度与行为的影响差异中，虽然得出了前者大于后者的结论，由于使用的是横断面调查方法进行实证研究，无法断定它们之间是否具有严格的因果关系，只能判断 PsyCap 整体要比其维度与员工态度（如满意度）的相关关系更显著。

7.1.2 模型代表性问题

虽然本研究中概念模型得到数据支持，但是结构方程模型没有包括所有影响心理资本的因素（如员工人格特征、跨文化因素等），员工工作态度与行为变量的选择也是有限的，还有很多相关的因素没有考虑进模型，这使模型的普适性受到一定的影响。

7.1.3 量表信度与效度问题

本研究数据分析结果表明，结构方程中潜变量的计量尺度有一定的信度与效度，但是某些计量项目仍然存在高相关性，使得相关矩阵为非正定矩阵，无法进行结构方程模型的测量，只好删除了个别项目，这使得一些原有量表的信度与效度受到了影响。所以，本研究中个别潜变量的测量量表仍有改进的余地。

另外，本书提出了员工心理资本开发的方法与策略，但是缺少针对接待业员工特点的具体开发策略，将接待业员工等同于一般意义上的普通员工，这一点有待进一步研究。

7.2 后续研究展望

7.2.1 横向与纵向数据相结合，提高数据准确性

心理资本实证研究中存在的许多分歧与广泛采用的横向（Cross Sectional）研究范式有较大关系。只有更多地进行长期的纵向研究，才能真正揭示心理资本影响效应的本质，同样，在研究方法上应该强化纵向研究（Longitudinal）及多质（Multi-Trait）、多法（Multi-Method）的研究范式。在以后的研究中可以通过使用包括横截面数据和时间序列数据的面板数据（Panel Data），提高调查数据的准确性。

7.2.2 加强心理资本理论跨行业研究

本书有关心理资本的研究结论是在接待业中得出来的，这一结论能否应用到其他行业或其他文化背景中，还是一个问题。因此在不同行业、不同国家对有关心理资本的研究结论进行比较验证很有必要。

7.2.3 加强心理资本内涵与要素选择标准研究

目前，不同研究者对于什么是心理资本的问题存在较大分歧，对心

理资本要素选择标准的看法也不统一，因此研究结果自然也有较大差异。这与目前心理资本研究尚处于起步阶段，缺乏系统理论体系指导有着密切关系。今后，统一的 PsyCap 内涵与要素选择将有助于研究成果的推广与应用。

7.2.4　其他研究展望

从心理资本概念提出到现在短短几年中，已经有许多专家对心理资本概念、构成要素及其对领导和员工的影响进行了初步探讨和研究，并取得了一定的成果。有关积极心理学和积极组织行为学的研究也引起了专家、学者和企业管理人员的关注。但是，关于心理资本的研究才刚刚起步，还有许多问题，如影响心理资本的个体因素、团队或组织因素、心理资本与其他个体因素之间的关系及相互影响的机制、心理资本与组织竞争优势管理等，都还有待开展更加深入、系统的理论和实证研究。

随着体验经济时代的到来，未来最有前途的行业就是与人的情绪体验密切相关的行业（余玲艳，2007），接待业就是这样行的业之一。以情绪、情感为基础的体验型服务业——接待业在未来面临的主要问题就是如何管理、开发与利用员工的智力与心理资本，从而为社会提供或创造更加卓越的情感服务与经济效益。

附录 A　神经网络训练与测试程序

```
net = newff （minmax （G），［19，1］，{'tansig'，'logsig'}，'trainbr'）；
net.trainParam.show = 100；
net.trainParam.lr = 0.05；
net.trainParam.epochs = 3000；
net.trainParam.goal = 10⁻³；
［net，tr］= train （net，G，g）；
T = input （' 请输入目标员工各项指标 T：'）
'评价结果 Result：'；
Result = sim （net，T）；
Plot （G，T，'ro'）。
```

附录 B 各因子均值变化对员工 PsyCap 的边际贡献及平均贡献率

盖洛普工作制度调查

F1	F2	F3	F4	F5	F6	$Y1^1$	$Y2^1$	$Y3^1$	$Y4^1$	$Y5^1$	$Y6^1$
1	0	0	0	0	0	0.7					
0	1	0	0	0	0		0.7				
0	0	1	0	0	0			0.7			
0	0	0	1	0	0				0.7		
0	0	0	0	1	0					0.7	
0	0	0	0	0	1						0.8

F1	F2	F3	F4	F5	F6	$Y1^2$	$Y2^2$	$Y3^2$	$Y4^2$	$Y5^2$	$Y6^2$
2	0	0	0	0	0	0.8					
0	2	0	0	0	0		0.8				
0	0	2	0	0	0			0.8			
0	0	0	2	0	0				0.7		
0	0	0	0	2	0					0.7	
0	0	0	0	0	2						0.8

F1	F2	F3	F4	F5	F6	$Y1^3$	$Y2^3$	$Y3^3$	$Y4^3$	$Y5^3$	$Y6^3$
3	0	0	0	0	0	0.8					
0	3	0	0	0	0		0.8				
0	0	3	0	0	0			0.8			
0	0	0	3	0	0				0.7		
0	0	0	0	3	0					0.8	
0	0	0	0	0	3						0.9

续表

L=4											
F1	F2	F3	F4	F5	F6	Y1^4	Y2^4	Y3^4	Y4^4	Y5^4	Y6^4
4	0	0	0	0	0	0.9					
0	4	0	0	0	0		0.8				
0	0	4	0	0	0			0.8			
0	0	0	4	0	0				0.7		
0	0	0	0	4	0					0.8	
0	0	0	0	0	4						0.9
L=5											
F1	F2	F3	F4	F5	F6	Y1^5	Y2^5	Y3^5	Y4^5	Y5^5	Y6^5
5	0	0	0	0	0	1					
0	5	0	0	0	0		0.8				
0	0	5	0	0	0			0.8			
0	0	0	5	0	0				0.8		
0	0	0	0	5	0					0.8	
0	0	0	0	0	5						1
A						0.06	0.04	0.02	0.02	0.02	0.06

附录 C 本研究概念模型修正后的 LISREL 程序

Full model;

Observed variables;

Y1 Y2 Y3 Y4 Y5 Y6 Y7 Y8 Y9 Y10 Y11 Y12 Y13 Y14 X1 X2;

Latent variables: PCB PsyCap STA ES OCB AB POS;

Correlation Matrix;

Date = d/doctor/1088.sav;

Sample size 1088;

Relation ships;

Y1 = 1 * PsyCap;

Y2 – Y4 = PsyCap;

Y5 = 1 * PCB;

Y6 = PCB;

Y7 = 1 * ES;

Y8 = ES;

Y9 = 1 * STA;

Y10 = STA;

Y11 = 1 * OCB;

Y12 = OCB;

Y13 = 1 * AB;

Y14 = AB;

X1 = 1 * POS;

X2 = POS;

PCB->PsyCap STA AB OCB;

PsyCap->STA ES OCB AB;

POS->PCB PsyCap STA ES OCB AB;

ES->OCB STA;

Set the errors between Y2 and Y6 correlate;

Path Diagram;

LISREL Output SE SC TV EF AD>50;

End of Problem。

参考文献

［1］蔡坤宏. 工作满足与离职意图关系之回顾：Meta 分析［J］. 辅仁管理评论，1999，6（1）：31-38.

［2］岑成德，权净. 服务属性对顾客满意度影响程度研究［J］. 南开管理评论，2005，8（2）：16-22.

［3］弗雷德·鲁森斯. 组织行为学［M］. 王垒译. 北京：人民邮电出版社，2003：205-223.

［4］傅慧，汪纯孝. 宾馆员工工作满意感的实证研究［J］. 商业研究，1998（12）：53-56.

［5］甘朝有，齐善鸿. 旅游心理学［M］. 天津：南开大学出版社，1998：97-98.

［6］郭小艳，王振宏. 积极情绪的概念、功能与意义［J］. 心理科学进展，2007，15（5）：810-815.

［7］侯杰泰，温忠麟，成子娟. 结构方程模型及其应用［M］. 北京：教育科学出版社，2004：236-259.

［8］侯奕斌，凌文辁. 积极组织行为学内涵研究［J］. 商业时代，2006（27）：4-7.

［9］柯惠新. 调查研究中的统计分析法［M］. 北京：中国传媒大学出版社，2005（1）：431-437.

［10］李超平.心理资本——打造人的竞争优势［M］.北京：中国轻工业出版社，2007：11-21.

［11］李怀祖.管理研究方法［M］.西安：西安交通大学出版社，2004：19-328.

［12］李原.企业员工的心理契约——概念、理论及实证研究［M］.上海：复旦大学出版社，2006：138-165.

［13］李原.心理契约违背的理论模型及其应用［J］.经济与管理研究，2006，19（8）：22-25.

［14］李原.员工心理契约的结构及相关因素研究［D］.首都师范大学博士学位论文，2002：39-51.

［15］凌文辁，方俐洛.心理与行为测量［M］.北京：机械工业出版社，2004：196-209.

［16］马庆国.管理统计［M］.北京：科学出版社，2002：332-341.

［17］孟一凡.中国消费者对旅游服务满意度不高［N］.中国青年报，2006-03-25（3）.

［18］孟昭兰.人类情绪［M］.上海：上海人民出版社，1989：286-298.

［19］任俊.积极心理学［M］.上海：上海教育出版社，2006：16-32.

［20］邵锋.星级酒店员工满意度管理研究［D］.郑州大学硕士学位论文，2005：267-298.

［21］田里.旅游经济学［M］.北京：科学出版社，2004：22-28.

［22］田喜洲，蒲勇健.导游工作满意度分析及其实证测评［J］.旅游学刊，2006，21（6）：90-94.

［23］王雁飞，朱瑜.心理资本理论与相关研究进展［J］.外国经济与管理，2007，39（2）：328-334.

［24］吴清津，汪纯孝，胡石凡.旅游企业员工服务导向与工作行为对企业外部效率的影响［M］.北京：旅游教育出版社，2004：79-101.

［25］谢礼珊.服务性企业员工心理授权与工作绩效实证研究［M］.北京：旅游教育出版社，2004：32-42.

［26］谢祥项.员工满意与饭店人力资源管理的研究［D］.中南林学院硕士学位论文，2003：66-109.

［27］谢彦君.基础旅游学［M］.北京：中国旅游出版社，1999：33-38.

［28］杨云.国外接待业人力资源管理研究评述［J］.旅游学刊，2006，21（2）：82-88.

［29］余玲艳.员工情绪管理［M］.北京：东方出版社，2007：109-178.

［30］曾凤章.神经网络在顾客满意度测评中的应用［J］.北京理工大学学报，2005（1）：45-47.

［31］曾晖，韩经纶.积极组织学术研究——当代组织管理中的新运动［J］.心理科学，2005，28（6）：1479-1482.

［32］张金梅.人工神经网络在教学质量评价中的应用［J］.太原理工大学学报，2005，12（1）：56-59.

［33］仲理峰.心理资本对员工的工作绩效、组织承诺及组织公民行为的影响［J］.心理学报，2007，39（2）：322-336.

［34］仲理峰.心理资本研究评述与展望［J］.心理科学进展，2007，15（3）：482-487.

［35］Argyle，M. Relationship between family and sub-wellbeing［J］. The Psychologist，2002，15（1）：22-26.

［36］Aryee，S.，Budhwar，P.S. and Chen，Z.X. Trust as a mediator of the relationship between organizational justice and work outcomes：test of a social exchange model［J］. Journal of Organizational Behavior，2000，23：267-285.

［37］Avey，J. B.，Patera，J. and West，B. The implications of positive psychological capital on employee absenteeism［J］. Journal of Leadership and

Organizational Studies, 2006, 13（2）：42-60.

［38］Avolio, B.J. The chief integrative leader: moving to the next economy's HR leader ［M］. Washington DC: Society of Human Resource Management, 2005.

［39］Bandura, A. Cultivate self-efficacy for personal and organizational effectiveness ［M］. In Locke, E.A. （Ed.）, The Blackwell handbook of principles of organizational behavior （pp. 120-136）. Oxford, UK: Blackwell, 2000.

［40］Bandura, A. Personal and collective efficacy in human adaptation and change ［M］. In J.G. Adair, D. Belanger, & K.L. Dion （Eds.）, Advances in psychological science: Vol. 1. Personal, social and cultural aspects （pp. 51-71）. Hove, UK: Psychology Press, 1998.

［41］Bandura, A. and Locke, E. A. Negative self-self efficacy and goal effects revisited ［J］. Journal of Applied Psychology, 2003 （88）：87-99.

［42］Bandura, A. Self-efficacy: The exercise of control ［M］. New York: Freeman, 1997：4-15.

［43］Baron, R. A., Byrnt, D. and Suls, J. Exploring social psychology ［J］. Journal of Behavioral Decision Making, 2001 （14）：17-34.

［44］Barsky, J. and Frame, C.Variety of strategies help improve hotel employee satisfaction ［J］. Hotel & Motel Management, 2004, 14（2）：34-41.

［45］Bartel, A.P. Race differences in job satisfaction: a reappraisal ［J］. Journal of Human Resources, 1981 （16）：294-303.

［46］Becker, G. S. Human capital: A theoretical empirical analysis, with special reference to education［J］. National Bureau of Economic Research, 1964 （32）：4-12.

［47］Bentler, A. Comparative fit indices in structural models ［J］. Psychological Bulletin, 1990 (10): 238-246.

[48] Bitner, M. and Bernard H.B. Critical service encounters: the employee's viewpoint [J]. Journal of Marketing, 1994, 58 (4): 95-106.

[49] Borman, W. and Motowidlo. J. Expanding the criterion domain to include elements of contextual performance [M]. San Francisco: Jossey-Bass, 1993.

[50] Brown, D. and McIntosh, S. Job satisfaction in the low wage service sector [J]. Applied Economics, 2003, 35 (10): 1241-1254.

[51] Bull, A. Economics of tourism and travel [M]. London: Addison Wesley Longman, 2001: 31-34.

[52] Cameron, K., Bright, D.and Caza, A. Exploring the relationships between organizational virtuousness and performance [J]. American Behavioral Scientist, 2004 (47): 766-790.

[53] Cameron, K. and Caza, A. Contributions to the discipline of positive organizational scholarship [J]. American Behavioral Scientist, 2004 (47): 731-739.

[54] Carifio, J. and Rhodes, L. Construct validities and the empirical relationships between optimism, Hope, Self-efficacy, and Locus of Control [M]. Obersulm: IDS Press, 2002: 4-9.

[55] Carr, J. Positive psychology [M]. New York: Brunner-Routledge, 2004.

[56] Clark, A. Unemployment as a social norm: psychological evidence from panel data [J]. Journal of Labor Economics, 1997 (21): 323-351.

[57] Cole, K.Wellbeing, psychological capital, and unemployment: An integrated theory [R]. Paper presented at the joint annual conference of the International Association for Research in Economic Psychology (IAREP) and

the Society for the Advancement of Behavioral Economics (SABE), Paris, France, 2006: 14-28.

[58] Comm, C. and Mathaisel, D.F. Assessing employee satisfaction in service firms [J]. Journal of Business & Economic Studies, 2000, 6 (1): 43-52.

[59] Conway, N. and Briner, R. Understanding psychological contracts at work: A critical evaluation of theory and research [M]. London: Oxford University Press, 2005.

[60] Cooke, D. Discriminant validity of organizational commitment questionnaire [R]. Psychological Reports, 1997 (80): 431-441.

[61] Coutu, D. How resilience works [J]. Harvard Business Review, 2002 (80): 46-55.

[62] Creed, P. and Watson, T. Age, gender, psychological wellbeing and the impact of losing the latent and manifest benefits of employment in unemployed People [J]. Australian Journal of Psychology, 2003 (55): 95-103.

[63] Creed P. and Machin, M. Access to the latent benefits of employment for unemployed and underemployed individuals [R]. Psychological Reports, 2002 (90): 1208-1210.

[64] Creed, P., Hicks, R. and Machin, M. Behavioural plasticity and mental health outcomes forong-term unemployed attending occupational training programs [J]. Journal of Occupational and Organizational Psychology, 1998 (1): 32-36.

[65] Csikszentmihalyi, M. The contribution of flow to positive psychology [M]. Radnor, PA: Templeton Foundation Press, 2000: 33-48.

[66] Darity, W. and Goldsmith, A. Unemployment, social psychology, and unemployment hysteresis [J]. Journal of Post Keynesian Economics,

1993, 16（1）: 24-29.

[67] Dave, U. How to build value through people and organization [M].
New York: John Wiley & Sons, 2003: 23-29.

[68] Davidson, R. J. and P. Ekman. Approach withdrawal and cere-
bralasymme try: emotional expression and brain physiology [J]. Journal of Per-
sonality and Social Psychology, 1990（58）: 330-341.

[69] Diener, E. Subjective well-being: the science of happiness and a
proposal for a national index [J]. American Psychologist, 2000（55）: 34-43.

[70] Dodgson, P. and Wood, J. Self-esteem and the cognitive accessi-
bility of strengths and weaknesses after failure [J]. Journal of Personality and
Social Psychology, 1998（75）: 178-197.

[71] Dzinkowski, R. The value of intellectual capital [J]. Journal of
Business Strategy, 2000（21）: 3-4.

[72] Eden, D. and Aviram, A. Self-Efficacy training to speed reem-
ployment: helping people to help themselves [J]. Journal of Applied Psychol-
ogy, 1993（78）: 352-360.

[73] Eisenberger, R., Huntington, R.and Hutchison, S. Organizational
support [J]. Journal of Applied Psychology, 2002（71）: 500-507.

[74] Erez, A.and Judge, T. Relationship of core Self-evaluations to
goal setting, motivation, and performance [J]. Journal of Applied Psychology,
2001（86）: 1270-1279.

[75] Felton, J. and Sanbonmatsu, D. Preference for risk in investing as
a function of trait optimism and gender [J]. The Journal of Behavioral Finance,
2003（4）: 33-40.

[76] Flores, L . and Obasi, E. M. Positive psychological assessment in
an increasingly diverse world [M]. Washington DC: American Psychological

Association, 2003: 41-54.

[77] Fornell, B. and Larcker, H. Evaluating structural equation models with unobservable variables and measurement error [J]. Journal of Marketing Research, 1981 (12): 23-32.

[78] Francesco, A. and Chen, Z. X. Collectivism in action: Its moderating effects on the relationship between organizational commitment and employee performance in China [J]. Group and Organization Management, 2004 (29): 425-441.

[79] Fredrickson, B. L. The value of positive emotions: The emerging science of positive psychology is coming to understand why it's good to feel good [J]. American Scientist, 2003 (91): 330-335.

[80] Fredrickson, B. L. What good are positive emotions? [J]. Review of General Psychology, 1998, 2 (3): 300-319.

[81] Fredrickson, B.L. Positive emotions speed recovery from the cardiovascular sequelae of negative emotions [J]. Cognition and Emotion, 1998 (12): 191-220.

[82] Gable, S.L. and Haidt, J. What (and why) is positive psychology [J]. Review of General Psychology, 2005 (9): 103-110.

[83] Gandz, J. The ethics of empowerment [J]. Journal of Business Ethics, 1996, 15 (4): 383-392.

[84] Gardner, W. and Schermerhorn, J. R. Unleashing individual potential: performance gains through positive organizational behavior and authentic leadership [J]. Organizational Dynamics, 2004 (33): 270-281.

[85] Gibson, B. and Sanbonmatsu, D.M. Optimism, pessimism, and gambling: The downside of optimism [J]. Personality and Social Psychology Bulletin, 2004, 30 (2): 149-160.

[86] Gitomer, J. Principle before policy: rules for customer service [M]. New York: Business First-Buffalo, 1996.

[87] Goldsmith, A., Veum, J. and Darity, W. Working hard for the money? Efficiency wages and worker effort [J]. Journal of Economic Psychology, 2000 (21): 351-385.

[88] Goldsmith, A., Veum, J. and Darity, W. An ecological perspective on organizational foundings [J]. Journal of Economic Psychology, 2002, 11 (2): 25-38.

[89] Goldsmith, A., Veum, J. and Darity, W. Unemployment, joblessness, psychological well-Being and self-esteem: Theory and evidence [J]. Journal of Socio-Economics, 1997 (26): 133-158.

[90] Goldsmith, A., Veum, J.and Darity, W. The impact of psychological and human capital on wages[J]. Economic Inquiry, 1997 (35): 815-829.

[91] Goldsmith, H., Darity, W. and Veum, J.R. Race, cognitive skills, psychological capital and wages [J]. Review of Black Political Economy, 1998 (26): 13-22.

[92] Goleman, D. Working with emotional intelligence [M]. New York: Bantam Books, 1995.

[93] Greenberg, J. Organizations and the psychological contract [J]. Journal of Applied Psychology, 1990 (75): 561-568.

[94] Gronholdt, L. Analysing customer satisfaction data: a comparison of regression and artificial neural networks [J]. International Journal of Market Research , 2005, 47 (2): 34-42.

[95] Guerrie V., Deery, M. Research in hospitality human resources management and organizational behavior [J]. International Journal of Hospital-

ity Management, 1998, 17 (2): 145-160.

[96] Hair, J. F., Rolph, E.and Hair, A. Multivariate data analysis (5th edition) [M]. London: Prentice Hall, 1998.

[97] Harland, L., Harrison, W., Jones, J. R. and Reiter-Palmon, R. Leadership behaviors and subordinate resilience [J]. The Journal of Leadership & Organizational Studies, 2005 (12): 23-28.

[98] Harrison, E. and Pelletier, M.A. CEO Perceptions of strategic leadership [J]. Journal of Managerial Issues, 1997 (3): 299-318.

[99] Harter, J., Schmidt, F. and Hayes, T.L. Business-unit level relationship between employee satisfaction, employee engagement, and business outcomes: A meta-analysis [J]. Journal of Applied Psychology, 2002 (87): 268-279.

[100] Harter, S. Authenticity in handbook of positive psychology [M]. Eds. C. R. Snyder and S. Lopez. London: Oxford University Press, 2002: 382-394.

[101] Haykin, S. Neural networks: a comprehensive foundation (2ed edition) [M]. San Antonio: Pearson Education, Inc., 1999.

[102] Hemdi, M. Job satisfaction and turnover intentions [J]. Review of Business, 2002 (4): 76-87.

[103] Hitt, M. and Ireland, D. The Essence of strategic management: managing human and social capital [J]. Journal of Leadership and Organizational Studies, 2002, 9 (1): 3-14.

[104] Hoppock, R. Job satisfaction [M]. New York: Arno Press, 1935: 267-271.

[105] Hosen, R., Solovey-Hosen, D. and Stern, L. Education and capital development: Capital as durable personal, social, economic and political

influences on the happiness of individuals [J]. Education, 2003, 123 (3): 496-513.

[106] Hoyle, R.H. Structural equation modeling: concepts, issue and applications [M]. Thousand Oaks, CA: Sage, 1995: 158-176.

[107] Hunter, J. and Schmidt, F. Quantifying the effects of psychological interventions on employee job performance and work-force productivity [J]. American Psychologist, 1983, 38 (4): 473-478.

[108] James, J. and Gerbing, D. Structural equation modeling in practice: A review and recommended two-step approach [J]. Psychological Bulletin, 1988, 103 (3): 411-423.

[109] Jensen, S. M. and Luthans, F. Relationship between entrepreneurs' psychological capital and their authentic leadership [J]. Journal of Managerial Issues, 2006, 18 (2): 254 - 273.

[110] Jensen, S.M. and Luthans, F. The Entrepreneur as an authentic leader: impact on associates' work-related Attitudes. Presented at the Academy of Management, Organizational Behavior Division, National Meeting [M]. New Orleans, LA, 2004: 77-89.

[111] Jensen, S.M. Entrepreneurs as leaders: Impact of psychological capital and perceptions of authenticity on venture performance [D]. Unpublished Dissertation of University of Nebraska, 2003: 87-89.

[112] Jonathan, A. Variety of strategies help improve hotel employee satisfaction [J]. Hotel & Motel Management, December, 2004: 34-38.

[113] Joreskog, K.G. and Sorbom, D. LISREL8: Structural equation modeling wish the SIMPLIS command language [M]. Chicago: Scientific Software International, 1993: 34-39.

[114] Judge, T. and Bono, J. Relationship of core self-evaluations traits-

self-esteem, generalized self-efficacy, locus of control, and emotional stability with job satisfaction and job performance: A meta-analysis [J]. Journal of Applied Psychology, 2001, 86 (5): 80-92.

[115] Judge, T. and Bono, J. The paradox of success: An archival and a laboratory study of strategic persistence following radical environmental change [J]. Journal of Applied Psychology, 2003 (6): 33-45.

[116] Judge, T., Erez, A. and Bono, J. The power of being positive: The relation between positive self-concept and job performance [J]. Human Performance, 1998 (11): 167-187.

[117] Judge, T., Locke, E. and Durham, C. The dispositional causes of job satisfaction: A core evaluations approach [J]. Research in Organizational Behaviour, 1997 (19): 151-188.

[118] Kent, W.E. Interrelationships of attitudes, demographics, and job aspects with job satisfaction among hotel Managers [R]. Unpublished doctoral dissertation, Georgia State University, Atlanta, GA., 1981: 87-101.

[119] Klem, L. Structural equation modelling. In L.G. Grimm, P.R. Yarnold (Eds.), Reading and understanding more multivariate statistics [M]. Washington, D.C.: American Psychological Association, 2000: 227-259.

[120] Knight, G. Cross-cultural reliability and validity of a scale to measure firm entrepreneurial orientation [J]. Journal of Business Venturing, 1997 (12): 213-225.

[121] Kubzansky, L., Kubzansky, P. and Maselko, J. Optimism and pessimism in the context of health: Bipolar opposites or separate constructs [J]. Personality and Social Psychology Bulletin, 2004, 30 (8): 943-956.

[122] Lam, T. and Zhang, H. An investigation of employees' job satisfaction: the case of hotels in Hongkong, Tourism management, 2001 (32):

157-165.

[123] Lars, G. Analysing customer satisfaction data: A comparison of regression and neural networks [J]. Market Research Socialty, 2005 (47): 121-130.

[124] Larson, M. and Luthans, F. Beyond human and social capital : The additive value of psychological capital on employee attitudes [R]. Working Paper, Gallup Leadership Institute, University of Nebraska of Lincoln, 2004: 23-37.

[125] Larson, M.and Luthans, F. Potential added value of psychological capital in predicting work at titudes [J]. Journal of Leader ship and Organizational Studies, 2006, 13 (2): 75-92.

[126] Law, K.S., Wong, C. and Mobley, W.H. Toward a taxonomy of multidimensional constructs [J]. Academy of Management Review, 1998 (23): 741-755.

[127] Lazarus, R.S. Emotion and adaptation [M]. New York: Oxford University Press, 1991: 22-29.

[128] Letcher, L. and Niehoff, B. Psychological capital and wages: A behavioral economic approach [R]. Paper Submitted to Be considered for Presentation at the Midwest Academy of Management, Minneapolis, MN, 2004: 12-40.

[129] Leung, K., Smith, B. and Wang, Z. Job Satisfaction in Joint Venture Hotels in China: An Organizational Justice Analysis [J]. Journal of International Business Studies, 1996 (23): 947-962.

[130] Leung, K., Smith, P. and Wang, Z. Job satisfaction in Joint venture hotels in China [J]. Journal of International Business Studies, 1996 (27): 947-962.

[131] Levinson, H. and Price, C. Men, Management and mental health [M]. Cambridge, MA: Harvard University Press, 1962: 56-59.

[132] Lopez, S. J., Snyder, C. R. and Pedrotti, J. Hope: Mmany definitions, many measures [R]. Washington DC: American Psychological Association, 2003: 91-107.

[133] Lopez, S.J., Ciarelli, R., Coffman, L., Stone, M. and Wyatt, L. Diagnosing for strengths: On measuring hope building blocks [M]. San Diego: Academic Press, 2000: 4-8.

[134] Lucas, R. and Deery, M. Significant developments and emerging issues in human resource management [J]. International Journal of Hospitality Management, 2004, 23 (4): 459-472.

[135] Luiz, M. The impact of gender on car buyer satisfaction and loyalty [J]. Journal of Retailing and Consumer Service, 1996, 3 (3): 135-144.

[136] Luthans, F. Positive organizational behavior: developing and managing psychological strengths for performance improvement [J]. Academy of Management Executive, 2002 (16): 57-75.

[137] Luthans, F. Self-Efficacy and Work-Related Performance: A Metaanalysis [J]. Psychological Bulletin, 1998, 124 (2): 240-261.

[138] Luthans, F. The need for and meaning of positive organizational behavior [J]. Journal of Organizational Behavior, 2002, 23 (6): 695-706.

[139] Luthans, F. Unlocking the mask: A look at the process by which authentic leaders impact follower attitudes and behaviors [J]. Business Horizons, 2004, 47 (1): 45-50.

[140] Luthans, F. and Jensen, S.M. The impact of hope in the entrepreneurial process [R]. Decision Sciences Institute 2002 Annual Meeting

Proceedings, 2002: 77-79.

[141] Luthans, F. and Youssef, C. Human, social, and now positive psychological capital management: Investing in people for competitive advantage [J]. Organizational Dynamics, 2004, 33 (2): 143-160.

[142] Luthans, F. Avey, J., and Avolio, B. J. Psychological capital development: Toward a micro-intervention [J]. Journal of Organziational Behavior, 2006 (27): 387-393.

[143] Luthans, F., Avolio, B., Walumbwa, F.O. and Li, W. The psychological capital of Chinese workers: Exploring the relationship with performance[J]. Management and Organization Review, 2005, 1 (2): 249-271.

[144] Luthans, F., Luthans, K.W. and Luthans, B.C. Positive psychological capital: Beyond human and social capital[J]. Business Horizons, 2004 (47): 45-50.

[145] Luthans, F., Youssef, C. M., and Avolio, B.J. Psychological capital: Developing the human capital edge [M]. Oxford, U K: Oxford University Press, 2007: 65-79.

[146] Maddi, S.R. Hardiness training at Illinois Bell Telephone. In P. Opatz (Ed.), Health promotion evaluation [M]. Stevens Point, WI: National Wellness Institute, 1987.

[147] Magaletta, P. R. and Oliver, J.M. The Hope Construct, Will, and Ways: Their Relations with Efficacy, Optimism, and General Well-being [J]. Journal of Clinical Psychology, 1999, 55 (5): 539-551.

[148] Mager, R.F. No self-efficacy, no performance [J]. Training, 1992 (4): 32-36.

[149] Marshall, G.N., Wortman, C.B., Kusulas, J. W., Herving, L. K. and Vickers, R.R. Distinguishing optimism from pessimism: Relations to

fundamental dimensions of mood and personality[J]. Journal of Personality and Social Psychology, 1992 (62): 1067-1074.

[150] Maruuta, T. and Colligan, R. Optimists vs pessimists [M].Mayo Clinic Proceedings, 2000 (75): 140-143.

[151] Masten, A.S. and Reed, M. Resilience in development. In C. Snyder & S. Lopez (Eds.), Handbook of positive psychology [M]. New York: Oxford University Press, 2002.

[152] Masten, A.S. Ordinary Magic: Resilience process in development [J]. American Psychologist, 2001 (56): 227-239.

[153] Masten, A. S., and Reed, M. Resilience in development. In C. Snyder & S. Lopez (Eds.), Handbook of positive psychology [M]. New York: Oxford University Press, 2002.

[154] McGunnigle, P. J. and Jameson, S. M. HRM in UK hotels: a focus on commitment [J]. Employee Relations, 2000, 22 (1): 403-421.

[155] McMillian, R. C. Customer Satisfaction and Organizational Support for Service Providers, Doctoral Dissertation, University of Florida, USA, 1997.

[156] Mincer, J. On-the-job-training: Costs, returns, and some implications [J]. Journal of Political Economy, 1962 (8): 50-79.

[157] Mok, C. Consumer Satisfaction, Dissatisfaction and Complaining Behavior [D].1986.

[158] Moorman, R.H., Blakely, G. L., and Niehoff, B. P. Does perceived organizational Ssupport mediate the Rrelationship between Procedural Justice and Organizational Citizenship Behavior [J]. Academy of Management Journal, 1998, 41 (3): 351-357.

[159] Morrell, S., Taylor, R., Quine, S. and Kerr, C. Unemployment and young people's health [J]. Medical Journal of Australia, 1998

(16): 236-240.

[160] Morrison, E. and Robinson, S. When Employees feel betrayed: A model of how psychological contract violation develops [J]. Academy of Management Review, 1997 (23): 23-27.

[161] Moutinho, L. The impact of gender on car buyer satisfaction and loyalty [J]. Journal of Retailing and Consumer services, 1996 (3): 135-144.

[162] Muchinsky, P. and Tuttle, M. Employee turnover: An empirical and methodological assessment [J]. Journal of Vocational Behavior, 1979 (14): 43-77.

[163] Murphy, G. and Athanasou, J. The effect of unemployment on mental health [J]. Journal of Occupational and Organizational Psychology, 1999 (72): 83-99.

[164] Myers, H. Culture and subjective well-being [M]. Cambridge, MA, US: The MIT Press, 2000.

[165] Nahapiet, J. and Sumantra, G. Social capital, intellectual capital, and the organizational advantage [J]. Academy of Management Review, 1998, 23 (4): 242-266.

[166] Nelson, A., Cooper, C. and Jackson, P. Uncertainty amidst change: The impact of privatisation on employee job satisfaction and well-being [J]. Journal of Occupational and Organizational psychology, 1995 (68): 57-71.

[167] Nentler, P. M. and Bonett, D. G. Significance test and goodness of fit in the analysis of covariance structures [J]. Psycholological Bulletin, 1980 (88): 23-29.

[168] Nunnally, J. C. Psychometric theory [M]. New York: McGraw-Hill, 1978: 38-48.

［169］O'Driscoll, M.P. and Randall, D.M. Perceived Organizational support, satisfaction with rewards, and employee job involvement and organizational commitment ［J］. Applied Psychology, 1999, 48（2）, 197–209.

［170］O'Leary, B.S., Lindholm, M L.Whitford, R.W. and Freeman, S.F. Selecting the best and brightest: leveraging human capital ［J］. Human Resource Management, 2002（41）: 325–340.

［171］Organ, D.W. The motivational basis of organizational citizenship behavior ［J］. Research in organizational behavior, 1997（23）: 23–32.

［172］Page, L. F. and Bonohue, R. Postive psychological capital : A preliminary exploration of the construct ［R］. Working Paper of department of management of Monash University, 2004: 13–15.

［173］Parker, C., Baltes, B., Young, S., Huff, J., Altmann, R., Lacost, H. and Roberts, J. Relationships between psychological climate perceptions and work outcomes: a meta-analytic review ［J］. Journal of Organizational Behavior, 2003（24）: 389–416.

［174］Peterson, C. and Chang, E.C. Optimism and flourishing ［R］. In C. Keyes, and J. Haidt（Eds.）, Flourishing: Positive psychology and the life well-lived. Washington: America Psychological Association, 2003: 4–10.

［175］Peterson, C. Positive Social Science ［J］. The Annals of the American Academy of Political and Social Science, 2004（591）: 186–201.

［176］Peterson, C. The Future of Optimism ［J］. American Psychologist, 2000（55）: 44–55.

［177］Peterson, C. and Seligman, M. Positive organizational studies: Lessons from Positive Psychology. In K.S. Cameron, J. E. Dutton, & R.E. Quinn（Eds.）, Positive Organizational Scholarship: Foundations of a new discipline ［M］. San Francisco: Berrett-Koeller, 2003: 14–28.

[178] Peterson, S.J. and Luthans, F. The Positive Impact and Development of Hopeful Leaders [J]. Leadership and Organization Development Journal, 2002, 24 (1): 26-31.

[179] Rhoades, L. and Eisenberger, R. Incremental effects of reward on creativity [J]. Journal of Personality and Social Psychology, 2001 (81): 728-741.

[180] Robbins, S., Waters-Marsh, T., Caccioppe, R. and Millet, B. Organisational behavior [M]. London: Pretince Hall. Australia, 1994: 2-8.

[181] Robinson, S. L. and Bennett, R. J. A typology of deviant workplace behaviors: A multi-dimensional scaling study [J]. Academy of Management Journal, 1995 (38): 555-572.

[182] Robinson, S. L. and D. M.Rousseau, Violating the psychological contract: Not the exception but the norm [J]. Journal of organizational behavior, 1994, 15 (3): 245-259.

[183] Rogers, J. D. Increasing Job Satisfaction of Service Personnel [J]. Journal of Services Marketing, 1994, 8 (1): 14-26.

[184] Rousseau, D. M. Psychological contracts in organizations: Understanding written and unwritten agreements [M]. California: Sage, 1995: 87-109.

[185] Rumelhart, S.J. and Novig, P. Artificial Intelligence: A modern approach, upper saddle River [M]. NJ: Prentice-Hall, 1986: 34-39.

[186] Sarker, S., Crossman, A. and Chinmeteepituck, P. The relationships of age and length of service with the job satisfaction: an examination of hotel employees in Thailand [J]. Journal of Managerial Psychology, 2003 (18): 745-758.

[187] Schaffer, R. H. Job satisfaction as related to need satisfaction in

work〔J〕. Psychological Monographs, 1953（67）: 14-32.

〔188〕Scheier, M.F. and Carver, C.S. Optimism, coping, and health: Assessment and implications of generalized outcome expectancies〔J〕. Health Psychology, 1985（4）: 219-247.

〔189〕Scheier, M.F., Carver, C.S. and Bridges, M.W. Distinguishing Optimism from Neuroticism and Trait Anxiety, Self-Mastery, and Self-Esteem: A reevaluation of the life orientation test〔J〕. Journal of Personality and Social Psychology, 1994（67）: 1063-1078.

〔190〕Schmitt, N. Method Bias: The Importance of Theory and Measurement〔J〕. Journal of Organizational Behavior, 1994（15）: 393-398.

〔191〕Schulman, P. Applying learned optimism to increase sales productivity〔J〕. Journal of Personal Selling and Sales Managemen, 1999（19）: 31-37.

〔192〕Seligman, M. E. P. Learned Optimism〔M〕. New York, NY: Pocket Books, 1998: 99-109.

〔193〕Seligman, M. E. P. The past and future of positive psychology. In C.L.M. Keyes & J. Haidt（Eds.）, Flourishing: Positive psychology and the life well-lived〔R〕. Washington DC: American Psychological Association, 2003: 33-42.

〔194〕Seligman, M. Authentic happiness〔M〕. New York: Free Press, 2002: 18-29.

〔195〕Seligman, M. The president's address〔J〕. American Psychologist, 1999（54）: 5-14.

〔196〕Seligman, M. and Schulman, P. Explanatory style as a predictor of productivity and quitting among life insurance sales agents〔J〕. Journal of Personality and Social Psychology, 1986（50）: 832-838.

〔197〕Shamir, B. Self-Esteem and the psychological impact of unemployment [J]. Social Psychology Quarterly, 1986 (49): 61-72.

[198] Sheldon, K. M. and King, L.Why positive psychology is neces-sary [J]. American Psychologist, 2001 (56): 216-217.

[199] Shifren, K. and Hooker, K. Stability and change in optimism: A Sstudy among spouse care-givers [J]. Experimental Aging Research, 1995 (21): 59-76.

[200] Shore, L.M. and Barksdale, K. Examining degree of balance and level of obligation in the employment relationship: A social exchange approach [J]. Journal of Organizational Behavior, 1998 (19): 731-744.

[201] Silva, P. Effects of disposition on hospitality employee job satis-faction and commitment [J]. International Journal of Contemporary Hospitality Management, 2006 (18): 45-49.

[202] Smith, K. Becoming an employer of choice: Assessing commit-ment in the hospitality workplace. An International Journal of Contemporary Hospitality Management, 1996, 8 (6): 3-9.

[203] Snyder, C. R., Harris, C., Anderson, A., Holleran, S. A., Irving, L. M., Sigmon, S. T. and Harney, P. The Will and the ways: de-velopment and validation of an individual-differences measure of hope [J]. Journal of Personality and Social Psychology, 1991 (60): 570-585.

[204] Snyder, C. R., Irving, L. M. and Anderson, S.A. Hope and health: Measuring the will and the ways [R]. In Handbook of Social and Clinical Psychology: The Health Perspective, Snyder, C.R., and Forsyth, D.R., 1991: 285-305.

[205] Snyder, C., Sympson, S., Ybasco, F. and Higgins, R. Devel-opment and validation of the state hope scale [J]. Journal of Personality and Social Psychology, 1996 (70): 321-335.

[206] Snyder, C.R. Handbook of hope: Theory, measures, and applications [M]. San Diego: Academic Press, 2000: 45-48.

[207] Snyder, C.R.and Lopez, S (Eds.). Handbook of Positive Psychology [M]. New York: Oxford University Press, 2002: 71-78.

[208] Spector, P. Job satisfaction [M]. Thousand Oaks, CA: Sage, 1997: 23-65.

[209] Spillane, J. and Sanata S.The christian humanization of work: job satisfaction in the hospitality industry [J]. Review of Business, 2001 (1): 16-25.

[210] Spinelli, M. and Cavanos, G. Investigating the relationship between employee satisfaction and guest satisfaction [J]. Cornell Hotel and Restaurant Administration Quarterly, 2000 (6): 29-33.

[211] Spreitzer, G. Psychological empowerment in the workplace: dimensions, measurement and validation [J]. Academy of Management Journal, 1995 (38): 1442-1465.

[212] Stajkovic, A. Introducing positive psychology to work motivation: Development of a core confidence model [R]. Paper presented at Academy of Management national meeting, Seattle, Washington, 2003: 4-8.

[213] Stajkovic, A. and Luthans, F. Social cognitive theory and self-efficacy: Going beyond traditional motivational and behavioral approaches [J]. Organizational Dynamics, 1998 (26): 62-74.

[214] Susskind, A. M. Borchgrevink, C. P. Kacmar, K.M. and Brymer, R. A. Customer service employees' behavioral intentions and attitudes: an examination of construct validity and a path model [J]. International Journal of Hospitality Management, 2000, 19 (1): 53-77.

[215] Sutcliffe, K.M. and Vogus, T. Organizing for resilience. In Cameron,

K. S., Dutton, J. E., and Quinn, R. E. Positive Organizational Scholarship [M]. San Francisco: Barrett-Koehler, 2003: 23-35.

[216] Taylor, S.E. Positive Illusions: Creative self-deception and the healthy mind [M]. New York: Basic Books, 1989: 55-58.

[217] Tekleab, A. G. and Taylor, M. S. Extending the Chain of relationships among organizational. Justice, social exchange, and employee reactions: The role of contract violations [J]. Academy of Management Journal, 2005 (48): 146-157.

[218] Tiger, L. Optimism: The Biology of Hope [M]. New York: Simon & Schuster, 1971: 34-39.

[219] Tomkins, S.S. Affect, imagery, consciousness: The positive effect [M]. New York: Springer Publishing Company, 2004: 89-91.

[220] Triandis, H. and Suh, E. Cultural influences on personality [J]. Annual Review of Psychology, 2002 (53): 133-160.

[221] Tsang, M.C., Rumberger, R. W. and Levin, H. M. The remuneration in small and medium-sized enterprises: an impact of surplus schooling on work productivity [J]. Journal of Managerial Psychology, 1991 (30): 209-218.

[222] Turnley, W. and Feldman, D. A discrepancy model of psychological contract violations [J]. Human Resource management Review, 2000 (12): 9-13.

[223] Upmeyer, A. Attitudes and Behavioral Decisions [M]. New York: Springer-Verlag New York Inc, 2000: 65-76.

[224] Vera, D. and Rodriguez-Lopez, A. Strategic virtues: Humility as a source of competitive advantage [J]. Organizational Dynamics, 2004 (33): 393-408.

［225］Wanberg, C. Antecedents and outcomes of coping behavior among unemployed and reemployed individuals ［J］. Journal of Applied Psychology, 1997（87）: 731-744.

［226］Wanberg, C., Griffiths, R. and Gavin, M. Time structure and unemployment: A longitudinal investigation ［J］. Journal of Occupational and Organizational Psychology, 1997（70）: 75-95.

［227］Waters, L. and Moore, K. Self-esteem, appraisal and coping: A comparison of unemployed and re-employed people［J］. Journal of Organizational Behavior, 2002（23）: 593-604.

［228］Watson, F. and Clark, B. Negative affectivity: The disposition to experience negative affective state ［J］. Psychological Bulletin, 1984（34）: 34-43.

［229］Wolin, S. The resilient self: How survivors of troubled families rise above adversity ［M］. New York: Villard, 2005: 66-71.

［230］Woods, R. H. Managing hospitality human resources ［M］. East-Lansing, MI, 1992: 65-76.

［231］Wright, T.A. Time revisited in organizational behavior ［J］. Journal of Organizational Behavior, 1997（18）: 201-204.

［232］Youssef, C.M. and Luthans, F. Resiliency development of organizations, leaders and employees: Multi-level theory building for sustained performance. In Gardner, W. L., Avolio, B. J., and Walumbwa, F. （Eds.） Monographs in Leadership and Management, Vol.3: Authentic Leadership Theory and Practice ［M］. Oxford, UK: Elsevier, 2005: 187-189.